Zu diesem Buch

Es gibt Städte in der Bundesrepublik, in denen statistisch gesehen jeder zweite Haushalt ein so genannter «Single-Haushalt» ist. Die Tendenz zum «Alleinleben» scheint ungebrochen. Der Autor untersucht dieses Phänomen, wobei er insbesondere das Älterwerden thematisiert.

Der Autor

Frank Naumann, geboren 1956 in Leipzig, 1977 bis 1982 Studium der Philosophie, Psychologie und Biologie an der Humboldt-Universität zu Berlin, Spezialisierung auf philosophische Fragen der Naturwissenschaften. 1984 Dissertation, 1989 Habilitation. Seit November 1989 Mitarbeiter am Interdisziplinären Institut für Wissenschaftsphilosophie und Humanontogenese der Humboldt-Universität. Forschungsschwerpunkte: Interdisziplinäre Aspekte der Kommunikationsforschung und Theorien der subjektiven Zeit.

Außerdem von ihm im Rowohlt Taschenbuch Verlag erschienen: «Miteinander streiten. Die Kunst der fairen Auseinandersetzung» (rororo 9795).

Frank Naumann

Solo in die Jahre kommen

Auch Singles werden älter

rororo

Rowohlt

Originalausgabe
Veröffentlicht im Rowohlt
Taschenbuch Verlag GmbH,
Reinbek bei Hamburg, November 1997

Umschlaggestaltung Guido Klütsch
(Foto oben links: The Image Bank/David de Lossy;
oben rechts und unten links:
Tony Stone Images/Don Bonsey;
unten rechts: The Image Bank/Georges Colbert)
Satz Berling (Linotronic 500)
Gesamtherstellung Clausen & Bosse, Leck
Printed in Germany
1490-ISBN 3 499 60426 4

Die Schreibweise entspricht den Regeln der neuen Rechtschreibung.

Inhalt

Vorwort 9

1. Einführung: Singles – ein Chor von Solisten 11
Allein leben – vom Schicksalsschlag zum frei gewählten Lebensstil 13
Als Single älter werden – Fluch oder Glücksfall? 21

2. Selbst bestimmte Unabhängigkeit – ein neues Lebensideal 26
Die Familie – ein Auslaufmodell? 28
Immer Ärger mit der Liebe 32
Risikofaktor Autonomie 38
Die Single-Gesellschaft und ihr Jugendkult 43

3. Mein Ich ist mein Kosmos – auf der Suche nach dem individuellen Lebensstil 47
Die Wohnung – Spiegel der Seele 48
Freunde – Garant gegen Einsamkeit 52
Eigene Kinder – Restfamilie, Freunde, Altersversicherung 56
Haustiere – die zuverlässigeren Partner 60
Der Beruf – Geldquelle und Lebenssinn 63
Computerkommunikation
Kontakte ohne Verpflichtungen 67
Hobbys – Selbstverwirklichung oder Kampf gegen Langeweile? 72
Outfit und Fitness – die hohe Kunst der Selbstdarstellung 77

4. Altern im Alleingang – kein Grund zur Panik! 83
Wie zerronnen, so gewonnen 85
Langlebigkeit – der Wettkampf um die Jahre 88
Meine Leistungskraft ist mein Produkt 91

5. Gesundheit und Krankheit 98
Der Mythos vom hilflosen Ende 99
Die Biologie des Alterns 102
Gesundheit und Alter – ein Widerspruch? 107
Ich laufe, also bin ich 112

6. Kontakt und Kommunikation 123
Vom Ich zum Du: Wege aus der Einsamkeit 124
Kleine Kontaktschule für Ältere 127
Vom Smalltalk zum intimen Geflüster:
die wichtigsten Kommunikationsregeln 137

7. Beziehungslust – Beziehungsfrust 144
Partnerschaft im Alter:
der Spagat zwischen Bindung und Eigenständigkeit 145
Einander kennen lernen 149
Neue Liebe, neues Leben 157
Aus zweimal Ich mach einmal Wir:
Zusammenziehen oder nicht? 163
Die erste Krise: Konfliktmanagement 168
Wenn es nicht geht: die faire Trennung 175
Wieder frei: Über den Umgang mit Einsamkeit 183

8. Single im Alter –
ein Lebensmodell mit Zukunft 187

Weiterführende Literatur 190

Für Anette, Anke, Conny, Karin,
Katrin, Kerstin, Susan, Tina, Frank,
Dietmar, Jörg, Jürgen, Klaus
und all die anderen …

Vorwort

Sie sind jung, ledig und voller Abenteuerlust? Sie fühlen sich in Kneipen, Diskotheken, Galerien und Kinos wie zu Hause? Sie genießen Ihre Unabhängigkeit, sind aber auch bereit, sich Hals über Kopf zu verlieben?

Oder sind Sie eine Frau oder ein Mann in den besten Jahren, basteln an Ihrer Karriere und haben die Nase voll vom Beziehungsstress? Oder warten Sie nach zwei Scheidungen und diversen Trennungen noch auf den oder die Richtige?

Wie werden Sie im Alter leben? Gehören Sie zu den über 90 Prozent Singles, die bis dahin unbedingt heiraten wollen – irgendwann, um jeden Preis, am besten kurz vor der Rente? Lassen Sie sich von den Statistikern warnen: Unter den Rentnern gibt es beinahe ebenso viele Singles wie unter den 30-Jährigen. Nur wenigen von denen, die bis dahin vorzugsweise allein lebten, gelingt es, sich den Traum von glücklicher Ehe im Alter zu erfüllen.

Vielleicht ist aber Ihre Pensionierung bereits in greifbare Nähe gerückt, und Sie machen sich Gedanken, was Sie mit den nächsten Jahren anfangen werden?

Die Singles sind im Vormarsch, und es gibt nicht den geringsten Grund für die Annahme, der Trend zum Alleinleben werde vor dem Alter Halt machen. Egal, wie nahe sie sich dieser Situation fühlen: dieses Buch will Ihnen helfen, sich auf die kommenden Jahre einzustellen. Es zeigt Ihnen, was sich für Sie ändern und was gleich bleiben wird. Es verrät Ihnen, was Sie tun können, um auch im Alter Ihre Unabhängigkeit zu genießen. Bedenken Sie, dass Sie gegenüber früheren Generationen einen gewaltigen Vorzug genießen werden. Sie werden auch mit sechzig oder siebzig noch Tausende von Gleichgesinnten um sich haben, die dasselbe wollen wie Sie: ein Minimum an Verpflichtungen bei einem Maximum an Spaß.

1. Einführung: Singles – ein Chor von Solisten

Irina ist achtundzwanzig und hat lange, glänzend rote Haare, die sie mit einer auffälligen, runden Silberspange zu einem üppigen Knoten zusammenbindet. Sie unterstreicht ihre Schlankheit durch figurbetonte, fließende schwarze Gewänder. Wo sie auftaucht, zieht sie die Blicke der Männer auf sich. Sie ist keineswegs unnahbar. In ihrem Beruf als freie Journalistin ist sie gewöhnt, von sich aus Tag für Tag neue Kontakte zu knüpfen. Häufig lässt sie sich auf ein nettes Gespräch ein, freut sich über geistreiche Komplimente, tanzt und lacht gern. Doch immer dann, wenn ein Mann anfängt, auf mehr zu hoffen, verabschiedet sie ihn freundlich mit dem Hinweis auf wichtige Interviewtermine. Sie lebt und arbeitet in Frankfurt, aber zweimal im Monat fährt sie für drei Tage nach Berlin und besucht einen alten Studienfreund. Unter ihren Kollegen und Bekannten kursieren zwar mancherlei Gerüchte über geheime Liebschaften, nymphomanische Abenteuer und eine lesbische Beziehung, aber das ist alles pure Erfindung. Irinas einzige Leidenschaft gilt ihrem Beruf. Von einer unersättlichen Neugier auf Menschen und Schicksale erfüllt und immer auf der Jagd nach einer sensationellen Story, bleibt ihr wenig Zeit für traute Zweisamkeit. Ihre winzige Wohnung betritt sie nur zum Schlafen und Niederschreiben ihrer Artikel. Zwar spricht sie gelegentlich von Ehe, zwei Kindern, die sie zu ehrlichen und engagierten Mitbürgern erziehen will, aber all das klingt mehr nach Wunschträumen als konkreten Plänen. Denn zuvor will sie sich einen Namen machen, in die bekannten Zeitungen gelangen, vielleicht ein paar Jahre als Auslandskorrespondentin in Übersee verbringen …

Marcus ist vierunddreißig. Er hat eine schlecht bezahlte Dreiviertelstelle in der Verwaltung einer Pflegestation inne und gerade eine mehrjährige, unglückliche Beziehung hinter sich. Privat will er vorläufig mit Frauen nichts zu tun haben. Gott sei Dank lassen mit den Jahren die sexuellen Bedürfnisse nach, meint er, und andere Dinge kann man genauso gut mit Freunden unternehmen. Der ganze Stress mit dem Suchen, Kennenlernen, Sich-zusammenraufen-Müssen und dem Gefühlsballast – eigentlich hat er genug davon. Marcus gehört einer Clique an, die jeden Sommer ein anderes Gebirge durchwandert. Ein Auto kann er sich nicht leisten, aber kürzlich hat er ein gebrauchtes Motorrad gekauft, auf dem er häufig Spritztouren unternimmt. Meist fährt jemand aus seiner Clique auf dem Sozius mit. Wenn ich ihn nach den kommenden Jahren frage, zuckt er mit den Schultern. Bisher kam es immer anders, als er dachte, weshalb also Pläne entwerfen?

Katrin ist vierundvierzig und hat eine erwachsene Tochter. Sie ist promovierte Soziologin und hangelt sich seit gut zwanzig Jahren mit zwei- bis dreijährigen Stipendien von Forschungsprojekt zu Forschungsprojekt. Da sie sich auf ihrem Gebiet einen Namen gemacht hat und ständig zu internationalen Kongressen eingeladen wird, werden ihre Anträge auf neue Gelder meistens genehmigt. Nach Zukunftsplänen befragt, spricht sie von einem Buch, das sie schreiben will. Die vielen Einzelprojekte, die sie realisiert, lassen ihr keine Zeit, mehrere Jahre an einem einzigen Werk zu arbeiten. Fragen nach dem Privatleben wischt sie unwillig beiseite. Mit Anfang zwanzig war sie mal vier Jahre verheiratet, aber heute kann sie nicht mehr sagen, weshalb sie einst einem Mann das Jawort gab, der von Anfang an ein Fremder für sie war. Zu ihrer Tochter, die ihr Studium abbrach, sich Künstlerin nennt und von Sozialhilfe lebt, hat sie kaum noch Kontakt.

Allein leben – vom Schicksalsschlag zum frei gewählten Lebensstil

Drei Menschen, die trotz unterschiedlicher Interessen und Charaktere eins gemeinsam haben: sie sind Singles. Von 1970 bis Anfang der Neunziger verdoppelte sich ihre Zahl von fünf auf knapp zehn Millionen, inzwischen finden wir in Deutschland etwa 12,7 Millionen Haushalte, die von nur einer Person geführt werden. In einigen Großstädten wie Stuttgart, Frankfurt oder Hamburg haben sie die Familienhaushalte längst überrundet. In München sind beispielsweise rund 350000 der 650000 Wohnungen Einzelhaushalte. Kleinere Städte ziehen nach: im bevölkerungsreichsten Bundesland – Nordrhein-Westfalen – sind die Singles Anfang der Neunziger in Führung gegangen. Und kein Ende ist in Sicht. Die Scheidungszahlen wachsen weiter (mittlerweile 170000 im Jahr), die Ehen dauern kürzer, die Prozentzahl der jungen Leute, die von vornherein auf Experimente mit dem Zusammenleben verzichten, bewegt sich längst im zweistelligen Bereich. Das Erstheiratsalter verschiebt sich immer weiter nach hinten. Die Folge: In weniger als zwanzig Jahren wird sich die Zahl der Alleinwohnenden auf vierzehn Millionen erhöht haben.

Was aber ist ein Single? Ist das Wort nur ein Ersatz für die abwertenden Begriffe alte Jungfer oder Hagestolz? Ein geschlechtsneutraler Oberbegriff für die Anrede «Fräulein» und die Statusbezeichnung «Junggeselle»? Ein modischer Anglizismus für die amtsdeutsche Kategorie «Alleinlebende(r)»? Ich glaube, von alledem ein bisschen und doch mehr als das. Single sein – das ist das selbstbewusste Bekenntnis zu einer unabhängigen Lebensweise. Es ist ein Wort, das vor allem von den Solisten des Lebens selbst gebraucht wird, die damit ihren Stil kennzeichnen – im Gegensatz zu allen früheren Benennungen für Ledige, Geschiedene, Verwitwete… Und selbst das ist ungenau: Streng genommen gibt es Singles auch unter Verheirateten, während eine Reihe von Ledigen, aber fest Gebundenen, mit eigener Wohnung nur bedingt als Single bezeichnet werden kann.

Das Problem zeigt sich schon in der Statistik. Sie zählt genau genommen nicht die Singles, sondern die Einpersonenhaushalte. Wohnungen, in denen nur einer polizeilich gemeldet ist, aber zwei oder mehrere wohnen, werden mitgezählt. Ihre Zahl lässt sich nicht genau feststellen. Umgekehrt fehlen aber sämtliche allein erziehenden Singles, in Deutschland immerhin mehr als zweieinhalb Millionen, da sie einem Zwei- oder Mehrpersonenhaushalt vorstehen. Und vergessen wir nicht die wachsende Zahl der ledigen 25- bis 30-Jährigen, die weiterhin bei ihren Eltern wohnen und deshalb von der Statistik ebenfalls nicht erfasst werden. Es gibt in der Summe wahrscheinlich viel mehr Singles, als die offiziellen Zahlen aufweisen. Ich komme noch darauf zurück.

Kurz, die Szene ist sehr differenziert. Wer versucht, alle Singles über einen Kamm zu scheren, weil er lediglich Eheleute und Alleinlebende kennt, wird sich schnell ein falsches Bild machen. Ich denke, wir sollten mindestens fünf Gruppen unterscheiden:

1. Die freiwilligen Singles: Sie sind in der Mehrzahl zwischen 25 und 45 und haben sich aus Überzeugung für das Alleinleben entschieden – die meisten nach einer Scheidung oder einer anderen langjährigen Beziehung mit unglücklichem Ausgang. Eine wachsende Anzahl verzichtet von vornherein auf Ehe oder eheähnliche Erfahrungen, um unabhängig leben zu können, sich für ihre Entscheidungen nicht rechtfertigen zu müssen und täglichen Streitereien um Kleinkram aus dem Weg zu gehen. Viele halten eine Dauerbeziehung für ein Karrierehindernis. Sie alle könnten mit ein bisschen Mühe durchaus eine

Frau oder einen Mann finden, halten aber andere, individuelle Ziele für wichtiger.

2. Die unfreiwilligen Singles: Das ist die Gruppe der unglücklich Verlassenen und derjenigen, die seit Jahren vergeblich nach der großen Liebe suchen. Immerhin knapp ein Viertel der unter 45-Jährigen würde den Singlestatus lieber heute als morgen gegen eine erfüllende Beziehung eintauschen. (Ein weiteres Viertel ist zwar mit dem Singleleben im Großen und Ganzen zufrieden, versteht das Alleinleben aber nur als vorübergehende Lebensphase, in der sie nach einem geeigneten Partner suchen.) Erstaunlicherweise unterscheiden sie sich in ihren Ansichten, Vorlieben und Lebensumständen kaum von den überzeugten Singles. Allerdings glauben sie, in einer Partnerschaft ausgeglichener zu werden und zu zweit mehr erleben zu können. Viele von ihnen leiden unter Selbstwertproblemen. Fast die Hälfte schätzt sich als schüchtern ein, ein Fünftel findet sich wenig attraktiv. Von dieser Gruppe zu unterscheiden sind die

3. Alterssingles: Wer heute im Rentenalter allein lebt, hat in aller Regel seinen Ehegatten durch den Tod verloren. Sie sind Witwe oder Witwer. Freiwillige Alterssingles gibt es kaum. Diese zahlenmäßig größte Gruppe unter den Alleinlebenden wird häufig vergessen, wenn über die Alleinlebenden diskutiert wird; immerhin sind rund vierzig Prozent aller unverheirateten Erwachsenen über 65. Tatsächlich ist es fraglich, ob man die Witwen und Witwer, die sich in ihrem Selbstverständnis weiter als Ehepartner sowie Familienväter und -mütter betrachten, überhaupt als Singles bezeichnen soll. Denn diese Gruppe hat es im Gegensatz zu den übrigen vier schon immer gegeben. Ihr zahlenmäßiges Wachstum verdankt sie nicht dem zunehmenden Individualismus, sondern allein der Tatsache, dass immer mehr Menschen immer älter werden. Die Zahl der älteren Frauen ist schneller gestiegen als die der Männer. Ein gemeinsames Lebensende ist für ein Ehepaar die Ausnahme. Meist überlebt die Frau, da die Lebenserwartung von Frauen mittlerweile mehr als sieben Jahre über der von Männern liegt. (Laut Statistik werden Frauen bei uns im Durchschnitt 79,3 Jahre alt, Männer nur 72,77 Jahre.) Der Zahlenvergleich macht die Probleme deutlich: Bei den 25- bis 45-Jährigen sind die Singles zu drei Fünfteln Männer, zu zwei Fünfteln Frauen. (Das Übergewiegen der Männer erklärt sich bei ihnen daraus, dass mehr ältere Männer jüngere Frauen heiraten als umgekehrt. Dadurch sind mehr jüngere Männer als Frauen solo.) Bei den über 65-Jährigen Singles stellen die Männer dagegen weniger als 14 Prozent.

4. Prä-Singles: Unter 25 gilt das Unverheiratetsein als normal. Zumindest dürfen die Eltern hoffen, dass die Tochter oder der Sohn doch noch den Weg zum Standesamt finden wird. In den letzten Jahren wächst allerdings unter den Jüngeren die Zahl derjenigen, die schon als Teenager oder spätestens mit Anfang zwanzig alle typischen Singlemerkmale zeigen, die ich im folgenden Kapitel beschreibe. In ihren Anschauungen und Zielvorstellungen kommen schnelle Autos, dicke Gehälter und weite Reisen, aber keine Ehe und Kinder vor – es sei denn als Pflegeversicherung für das Alter.

5. Pseudo-Singles: Sie leben teilweise in Partnerschaft, teilweise als Singles. Die Formen sind vielfältig. Der häufigste Fall: Jeder behält seine Wohnung, die gemeinsame Zeit verbringen sie mal bei ihr, mal bei ihm, meist das Wochenende und ein, zwei Tage in der Woche. Die übrigen Tage geht jeder seinem Beruf und seinen privaten Hobbys nach. Ähnlich sind die Verhältnisse bei Paaren, die sich nur am Wochenende sehen, ansonsten aber in verschiedenen Städten arbeiten. Manche Paare leben sogar fest zusammen, gehen im Alltag aber getrennte Wege. Das heißt, auf den ersten Blick sind sie Mann und Frau. Erst wer genauer hinschaut, erkennt, dass sie eigene Freundeskreise pflegen, getrennt ausgehen und in die Ferien fahren sowie Seitensprünge wagen, ohne dass es zu Eifersuchtsdramen kommt. Soziologen, die in der Vergangenheit vor der Vereinsamung der Unverheirateten und ihrem zunehmenden Unglücklichsein gewarnt haben, müssen zur Kenntnis nehmen, dass das Singledasein für immer mehr Ehepaare an Attraktivität gewinnt. Beispielsweise führen 13 von 100 Paaren lediglich eine Wochenendbeziehung.

Die Alleinerziehenden habe ich nicht als eigene Gruppe aufgeführt. Längst sind unter ihnen nicht nur unglücklich Verlassene, sondern auch bekennende Singlefrauen, die sich bereits bei der Zeugung entschlossen hatten, die Elternschaft mit niemandem zu teilen. Alleinerziehende gibt es auch unter den Prä- und den Pseudo-Singles.

Die Unterscheidung von fünf Gruppen macht zwei Dinge deutlich: Erstens ist es notwendig, genauer zu sagen, welche Leute gemeint sind, wenn man ganz allgemein von Singles spricht. Und zweitens: Obwohl alle Welt eine Überalterung der Gesellschaft beklagt, scheint die Singleszene nicht betroffen zu sein. Abgesehen von der Gruppe 3, die es zu allen Zeiten gab, sind Singles ein junges Phänomen. Bei den unter 45-Jährigen haben sie die absolute Mehrheit. Erst jenseits der 50 überwiegen Eheleute (und jenseits der 70 die Witwen und Witwer). Glaubt man den Selbstaussagen der jungen Singles, soll sich an dieser Altersstruktur auch in Zukunft nichts ändern. Rund 95 Prozent von ihnen wollen nämlich «irgendwann» eine feste Partnerschaft eingehen. Lediglich zehn Prozent denken dabei nicht an eine gemeinsame Wohnung und Kinder. Ist Unabhängigkeit ein Privileg der Jugend und die Familie ein sicherer Hafen im Alter?

Die Gründe dieser Lebensplanung werden klar, wenn wir uns einmal die wichtigsten Vor- und Nachteile des Singledaseins anschauen (s. Tabelle nächste Seite).

Fast alle Vorteile bleiben im Alter erhalten – außer dass die Möglichkeiten für sexuelle Abenteuer und spontane Unternehmungen geringer werden dürften. Von daher wäre nicht einzusehen, warum ein glücklicher Single sich im Alter in die Ehe zurückziehen muss. Das wird jedoch sofort deutlich, wenn wir uns die Nachteile anschauen. Einsamkeit, Leere, Depression, Krankheiten, seelische Krisen – diese dunkleren Seiten des menschlichen Daseins nehmen mit den Jahren zu. Im Renten-

Vorteile	Nachteile
Unabhängigkeit, Freiheit, Selbstbestimmung. Jeder kann tun und lassen, was sie / er will.	Soziale und emotionale Einsamkeit. An Wochenenden fällt einem die Decke auf den Kopf. Das Gefühl, ausgeschlossen zu sein.
Viel Zeit für die eigenen Interessen.	Notwendigkeit, ständig seine Freizeit zu organisieren.
Volle Verfügung über das eigene Geld.	Erhöhte Lebenshaltungs- und Mietkosten.
Niemandem Rechenschaft ablegen müssen.	Auf-sich-allein-gestellt-Sein, insbesondere bei Krankheiten und seelischen Krisen.
Kaum lästige Alltagspflichten. Hausarbeit nur nach eigenem Gutdünken.	Hausarbeit und Behördengänge können nicht aufgeteilt werden.
Maximaler Einsatz für die Karriere.	Niemand da, der einem bei Freud und Leid zur Seite steht, sich an Erfolgen mitfreut und bei Misserfolgen tröstet.
Ohne schlechtes Gewissen flirten und sexuelle Abenteuer genießen.	Wenig Intimität, wenig Zärtlichkeit. Aids-Gefahr.
Spontan ausgehen und wegfahren, ohne sich mit jemandem abstimmen zu müssen.	Häufig unter Leute zu gehen wird aufwendig und teuer. Im Urlaub Einzelzimmerzuschlag.
Neugier und Aufgeschlossenheit. Ehemonotonie und Alltagsroutine lassen sich vermeiden.	Öfter Langeweile und depressive Stimmungen.
Öfter neue Kontakte und Freundschaften.	Ständige Aktivität und Kontaktpflege sind erforderlich.

alter wird es außerdem schwieriger, die höheren Kosten für Freizeit, Miete, Lebenshaltung und Urlaub aufzubringen. Die leeren Rentenkassen des Staates lassen für die Zukunft kaum auf eine Verbesserung hoffen. Kurz, während in der Jugend die Vorteile im Vordergrund stehen, befürchten fast alle für das Alter ein Überwiegen der Nachteile. Die meisten von uns assoziieren mit dem Alter Unbeholfenheit, Schwäche, körperliche Leiden, Verlassenheit und schließlich das Schreckgespenst Pflegeheim als eine überteuerte Abschiebeeinrichtung für dahindämmerndes Elend, das die einfachsten Lebensvorgänge nicht mehr selbstständig verrichten kann. Die Meldungen im Zusammenhang mit der Einführung der Pflegeversicherung haben die Ängste wieder angeheizt.

Zum Glück sieht die Wirklichkeit völlig anders aus. Nur etwa fünf Prozent verbringen ihren Lebensabend in Heimen. Selbst nach den ungünstigsten Prognosen werden es niemals mehr als zehn Prozent werden. Das bedeutet, neunzig Prozent der Älteren sind sehr wohl in der Lage, teilweise oder ganz für sich selbst zu sorgen und ihren Alltag zu organisieren. An der Alzheimer Krankheit, die im Laufe mehrerer Jahre zu komplettem Gedächtnisverlust und Persönlichkeitsabbau führt, leiden ebenfalls nur fünf Prozent. Da die Häufigkeit dieser Krankheit vom Alter abhängig ist, steigt die Quote bei den 90-Jährigen bis auf 25 Prozent an. Das bedeutet, es bleiben auch dann drei Viertel der Hochbetagten geistig rüstig – zumindest so weit, dass sie nicht völlig auf die Gnade ihrer Umwelt angewiesen sind. Als Altershandicap und Todesursachen ernster zu nehmen sind Herzinfarkte, Krebs, Schlaganfall und andere chronische Krankheiten. Auf ihr Risiko und ihren Verlauf kann jeder von uns jedoch Einfluss nehmen. In dieser Hinsicht ist kein Single gezwungen, sich in eine Ehe als Versorgungsrückhalt zu flüchten. Denn der Schuss mag durchaus nach hinten losgehen. Stellen Sie sich vor, Sie haben sich gerade mit jemandem zusammengerauft und müssen nun feststellen, dass Sie gesund und geistig wach bleiben, während Ihre andere Hälfte binnen kurzem zum schweren Pflegefall wird!

Wie steht es aber mit den seelischen Risikofaktoren Einsamkeit und Langeweile? Leider ist die Ehe keine besonders gute Vorbeugemaßnahme, um dieser Schwierigkeiten Herr zu werden. Viele (und nicht nur alte Leute) fühlen sich auch dann einsam und depressiv, wenn sie verheiratet sind. In jeder sechsten Ehe wird geprügelt. Wie viele Eheleute einander täglich mit Worten verletzen, weiß niemand.

Seelische Probleme resultieren nicht aus der Art des Zusammenlebens oder Nichtzusammenlebens, sondern aus individuellen Verarbeitungsmustern, also letztlich aus dem Charakter. Anders ausgedrückt: Wer schon in der Jugend Kontakt- und Kommunikationsschwierigkeiten hatte und sich häufig depressiv fühlte, bei dem werden sich im Alter diese Probleme noch verstärken. Wer umgekehrt stets ein fröhlicher Mensch und mit sich und anderen rundum zufrieden war, der wird als Rentner weiterhin unbeschwert durchs Leben gleiten. Eine Altersehe ändert daran wenig. Es besteht höchstens die Gefahr, dass eine unglückliche Verbindung neue Krisen heraufbeschwört.

Damit komme ich zu meinem dritten und entscheidenden Argument. Es wäre eine Illusion, zu glauben, dass jemand, der jahrzehntelang Ungebundenheit und Freizügigkeit in vollen Zügen genoss, mit einem Mal seine Lebenseinstellung über den Haufen werfen und sich auf wechselseitige Pflichten und Zwänge einlassen sollte. Und das mit einer Person, die ebenso wie er 50 Jahre Zeit hatte, ihre eigenen unverzichtbaren Vorlieben und Marotten zu kultivieren. Altersehen können genauso scheitern wie die Liebesgeschichten, auf die wir uns in jungen Jahren eingelassen haben. Sicher, mit den Jahren sollten uns frühere Erfahrungen und eine gewachsene innere Gelassenheit zugute kommen. Leider trifft auch das Gegenteil zu: Je älter wir werden, desto geringer wird unsere Anpassungsfähigkeit. Die wenigen, die bereit sind, ein glückliches Zusammenleben ohne Wenn und Aber über jedes persönliche Interesse zu stellen, werden sich längst anderweitig fest gebunden haben – eben wegen ihrer partnerschaftsorientierten Einstellung.

Aber nehmen wir ruhig an, der Traum vom Lebensabend in ehelicher Harmonie ginge in Erfüllung. Es bleibt dennoch empfehlenswert, sich auf ein Alleinleben im Alter einzustellen. Denn der Tod wird den Bund irgendwann auflösen, und wer überlebt, ist wieder Single.

Als Single älter werden – Fluch oder Glücksfall?

Singles dieser Erde, verheiratet euch – eurer Gesundheit zuliebe! Etliche Wissenschaftler haben in den letzten Jahren unabhängig voneinander herausgefunden, dass Alleinlebende ungesünder leben und früher sterben als Verheiratete. Allerdings neigen die Statistiker dazu, den Durchschnitt zur Norm zu erheben. Schaut man sich ihre Daten im Einzelnen an, so relativiert sich das Bild.

Zunächst zur Lebenserwartung. Wie lange ein Mensch lebt, weiß man leider erst, wenn er tot ist. Die schon gestorbenen Singles entstammen aber einer Generation, als das Alleinleben eine Ausnahme und die Ehe die Regel war. Wer auf Dauer allein lebte, wurde schnell zum Außenseiter, verlor den Kontakt zu seinen (meist verheirateten) Freunden, fühlte sich häufig unglücklich und verging in Sehnsucht nach einem intakten Familienleben. Nur wenige Lebemänner und Lebenskünstlerinnen kamen mit dem Alleinsein bestens zurecht. Die Familien wiederum waren vor zwanzig, dreißig Jahren stabiler als heute und vermochten in vielen Fällen Geborgenheit und Glück zu vermitteln. Wenn daher Single-Frauen heutzutage eine um vier Jahre geringere Lebenserwartung haben als ihre verheirateten Schwestern (bei Männern beträgt der Unterschied sogar fünf Jahre), so bedeutet das nicht, dass das so bleiben muss, wenn die jungen Singles von heute das Rentenalter erreichen.

Vergessen wir nicht, dass in Statistiken Minderheiten von der Mehrheit aufgesaugt werden. Es gibt auch Witwen in biblischem Alter und Eheleute, die jung gestorben sind. Wir müssen genauer nachfragen, welches die konkreten Lebensumstände sind, die dazu führen, dass Menschen in Partnerschaften im Durchschnitt älter werden. Leben Verheiratete vielleicht gesünder?

Das ist tatsächlich der Fall. Eine britische Studie entdeckte bei einzeln lebenden Männern ein bis zu vierhundert Prozent höheres Krankheitsrisiko gegenüber ihren verheirateten Geschlechtsgenossen. Die niederländische Medizinerin Inez Joung von der Universität Rotterdam fand heraus, dass eine Ehe Fitness und Gesundheit fördert. Verheiratete rauchen im Durchschnitt weniger und trinken weniger Alkohol, weil Genussmittel bei Singles dazu dienen, ihre leere Zeit zu füllen. Wer mit sich allein ist, zu Hause oder in einer Bar, trinkt und raucht mehr, als wenn er sich mit anderen Menschen beschäftigt. Ein zweiter Faktor: Da Ehepartner ihre Lebensweise aufeinander abstimmen, bilden sie konstante Tagesabläufe aus. Regelmäßige Mahlzeiten, Schlafenszeiten, Gespräche und Familienausflüge stabilisieren nicht nur die Ehe, sondern auch die Gesundheit. Zum Dritten ist ein Teil der Singles einsam. Kontaktarmut macht auf Dauer depressiv. Schlechte Laune wiederum schwächt das Immunsystem und erhöht das Krebs- sowie das Selbstmordrisiko.

Die Ergebnisse der Forscherin, die innerhalb fünf Jahren 19000 Frauen und Männer aus der Umgebung von Eindhoven befragte, sprechen eine deutliche Sprache: Alleinlebende sind weniger gesund und fit als Verheiratete. Sie müssen öfter ins Krankenhaus, leiden um 30 Prozent häufiger an chronischen Krankheiten und fühlen sich subjektiv schlechter. Diabetes, Leberzirrhose (Folge des Alkohols!), Gebärmutter- und Lungenkrebs kommen bei ihnen öfter vor als bei Verheirateten.

Wer aber bei schlechter Gesundheit ist, hat im Durchschnitt größere Schwierigkeiten, Partner zu finden.

Ein Teufelskreis, dessen einziger Ausweg die Ehe darstellt? Zum Glück nicht. Es gibt Tausende von Singles, die fit und trainiert sind, die sich gesund ernähren, einen großen Freundeskreis um sich scharen und ihre Freiheit genießen. Die Schlussfolgerung muss vielmehr lauten: Das Alleinleben birgt Risiken in sich. Eine bewusste Lebensweise ist notwendig, um auf Dauer die Vorzüge von Unabhängigkeit und Freiheit zu genießen. Wenn Sie Gefahren von Kontaktarmut und chaotischen Tagesabläufen vermeiden und den Vorteil nutzen, dass niemand Ihnen in Ihre Lebensgestaltung hineinreden kann, dann spricht nichts dagegen, dass Sie nicht gesünder sein und älter werden sollten als Ihre verheirateten Bekannten.

Bleibt die Frage nach dem Wie. Das Familienleben blickt auf eine jahrtausendealte Praxis zurück. Für alle Eventualitäten – Kindererziehung, Aufgabenverteilung im Haushalt, eheliches Sexualleben, Urlaubs- und Wochenendgestaltung – gibt es Erfahrungswerte und Normen. Sicher, manche dieser Orientierungen werden heutzutage in Frage gestellt. Das ist aber nur möglich, weil wir die Vorteile und Hemmnisse familiärer Verhaltensweisen recht gut kennen.

Das Singleleben ist dagegen etwas Neues. Am leichtesten kommt damit zurecht, wer jung ist. Als Single bewahren wir uns so lange wie möglich den Lebensstil eines Jugendlichen. Diskotheken, Ausflüge mit der Clique, stundenlanges Telefonieren, Partys, ab und zu eine heiße Liebesaffäre, Ferien in exotischen Ländern – mit leichter Verachtung und etwas Mitleid schauen wir auf die Alltagsroutine der Verheirateten herab. Ob sie wohl ahnen, wie viele aufregende Abenteuer ihnen entgehen? Doch spätestens nach unserem dreißigsten Geburtstag verschiebt sich das Bild. Das Arbeitsleben frisst einen Großteil unserer Energie. Abends sind wir k. o. und lassen uns nur noch vor den Fernseher fallen. Die Nächte in den Diskotheken werden immer anstrengender. Es dauert länger, bis wir uns von Alkohol und fehlendem Schlaf erholt haben. Und das Schlimmste: Unsere Abenteuer machen nicht mehr so viel Spaß wie früher. Während der erste Urlaub am Grand Canyon uns noch zu enthusiastischen Lobeshymnen und einem Dutzend verknipster Filme hinriss, spüren wir am Ende des zehnten Übersee-Urlaubs eine gewisse Erleichterung, endlich wieder nach Hause fliegen zu können. Bei der ersten Liebesgeschichte unseres Lebens schlug das Herz bis zum Hals. Wird der oder die andere unsere schönsten Hoffnungen erfüllen? Bei der zwanzigsten Bekanntschaft sind wir viel nüchterner. Schon wenn die ersten Worte gesprochen werden, haben wir das Scheitern der vorigen neunzehn Affären im Hinterkopf.

Wie jenseits des dreißigsten Lebensjahres ein glückliches Singleleben zu gestalten ist, dafür gibt es bisher nur wenige allgemein gültige Erfahrungen. Unser Land ist noch dabei, sich von der Familien- zur Erlebnisgesellschaft zu wandeln. Wenn Sie heute als Single leben, müssen Sie selbst Ihren Lebensstil finden, der Ihnen gestattet, ohne Familie im Hintergrund gesund und glücklich älter zu werden. Niemand redet Ihnen bei der Gestaltung Ihres Lebens hinein – aber Sie können auch keinem Ehepartner die Verantwortung dafür übertragen. Das kann ein Nachteil sein, aber auch ein unerhörter Glücksfall. Machen Sie etwas daraus! In den folgenden Kapiteln erhalten Sie dafür nützliche Tipps.

Wie jung Sie auch heute sein mögen: Sie werden mit jedem Tag älter. Sie haben zwei Möglichkeiten: Sie können das kommende Alter verdrängen und so tun, als würden Sie immer jung bleiben. Die Medien und die Werbung unterstützen diese Illusion. Irgendwann – wenn Sie mal ernsthaft krank werden, Ihre Kraft für das anstrengende Jugendleben nicht mehr reicht oder wenn Sie sich erstmals wie ein Greis unter Kindern fühlen – müssen Sie auf einmal erkennen: Sie sind alt geworden. Sie gehören nicht mehr dazu. Dann benötigen Sie sehr viel innere Kraft und Gelassenheit, um mit Ihrem neuen Status fertig zu werden. Die andere Möglichkeit: Sie akzeptieren von vornherein das Alter als Bestandteil Ihres Lebens. Sie lassen sich nicht einreden, dass die Jugend das Ideal schlechthin und das Alter eine Katastrophe sei. Schauen Sie sich um: Sind etwa alle jungen Leute, die Sie kennen, zufrieden, alle Rentner aber unzufrieden? Offenbar ist es nicht das Alter, das über künftiges Glück und Unglück entscheidet. Die wichtigste Regel lautet: Das kommende Alter nicht verdrängen!

Sie bleiben der Star Ihres Lebens, auch wenn Sie nicht mehr jung sind. Es geht nicht darum, mit Ende zwanzig den Diskotheken, schönen Frauen, interessanten Männern und spontanen

Ausbrüchen aus dem Alltag Adieu zu sagen, sondern darum, einen Lebensstil zu finden, bei dem Sie mit siebzig noch genauso alles tun können, was Ihnen Spaß macht, wie Sie es (hoffentlich!) mit zwanzig getan haben.

Wie gelingt es, eine solche Flexibilität zu erwerben? Eine innere Stabilität und zugleich Anpassungsfähigkeit, dass mich keine Eventualität aus der Bahn wirft, dass ich in jeder Situation und in jedem Alter Herr meines Lebens bleibe? Dass ich nicht eines Tages vereinsame, den Spaß am Leben verliere, der Gnade von Ärzten und Pflegeinstitutionen anheim falle? Dass ich aus Misserfolgen und Krisen vielleicht sogar noch einen Nutzen für mich ziehe? Blättern Sie weiter! Sie finden die Antworten in den übrigen Kapiteln des Buches.

2. Selbst bestimmte Unabhängigkeit – ein neues Lebensideal

Singles werden immer noch als Außenseiter betrachtet. In den Medien spricht man von ihnen wie von anderen Minderheiten: von einer Gruppe mit besonderen Eigenheiten und Problemen, die sich von der Mehrheit, den «Normalen», unterscheidet. Reportagen und Bücher über Alleinlebende sind in dieser Hinsicht nicht sehr verschieden von Berichten über Schwule, Lesben, Süchtige, Ausländer oder Behinderte.

Alle fragen als Erstes: Was hindert den Single, ein gesundes Familienleben zu führen? Warum verkriecht er sich in der Einsamkeit? Ist er arbeitssüchtig, kontaktgestört, wunderlich, eine gescheiterte Existenz, leidet er unter den Folgen einer unglücklichen Kindheit? Dass für Alleinlebende Sex und Kinder einfach weniger wichtig sein könnten als Arbeit, Freunde und spontane Unternehmungen, will kaum jemand ohne Hintergedanken akzeptieren.

Da muss doch mindestens die Enttäuschung über eine gescheiterte Langzeitbeziehung dahinter stecken! Er/Sie hat Angst vor einem neuen schweren Reinfall! Die englische Psychotherapeutin Vera Pfeiffer meint:

> «Einige Menschen beschließen nach einer Reihe von erfolglosen Beziehungen, allein zu bleiben, und benutzen ihren Singlestatus als Schutzschild gegen weitere Fehlschläge. Obwohl dies wie eine freiwillige Handlung aussieht, ist es keine wirklich freie Wahl.»

So wie Frauen lange Zeit (und zum Teil noch heute) an den Normen der Männerwelt gemessen wurden, müssen sich Singles mit Familienvätern und -müttern vergleichen lassen. Alles, was bei ihnen anders ist, erscheint dann als Mangel, als Fehler, als Defekt.

Resignation kann *ein* Motiv für das Alleinbleiben sein, insbesondere bei den unfreiwilligen Singles. Meist sind aber andere Ursachen bedeutsamer oder mindestens ebenso wichtig. Manchmal ist die Lebensweise sehr bewusst gewählt, und der Betreffende kann genau über seine Gründe Auskunft geben. Manchmal «ist es einfach so gekommen», der Solist hat sich nur treiben lassen und keine besonderen Anstrengungen unternommen, um sich in feste Hände zu begeben. Die folgenden vier Faktoren sind fast immer beteiligt, wenn jemand für sich bleibt.

Die Familie – ein Auslaufmodell?

Da sind zunächst die gesellschaftlichen Umstände. Bis Ende der sechziger Jahre galt die Familie weithin als einzig sinnvolle Lebensform. Alleinlebende waren arme Würstchen. Familie und wohlmeinende Freunde versuchten, sie so schnell wie möglich wieder unter die Haube zu bringen. Unglückliche Ehen, gescheiterte Beziehungen gab es damals auch. Aber die Reaktion war eine ganz andere als heute. Eine zerbrochene Ehe, das war ein zerbrochener Lebensplan. Man war persönlich gescheitert. Deshalb galt es, alle Anstrengungen darauf zu richten, schnell eine neue Ehe einzugehen. Als ich Kind war, habe ich öfter Mitschülerinnen sagen hören, man müsse schon deswegen heiraten, um nicht mehr mit «Fräulein» angesprochen zu werden! Dass sich diese Situation geändert hat, liegt an der massenhaften Erfahrung, dass eine verfehlte Ehe mit anschließender Kampfscheidung eine weitaus größere Katastrophe darstellt, als allein, aber frei zu sein. Viele junge Singles haben in ihrer Kindheit erlebt, was es bedeutet, wenn die Eltern sich verkrachen. Als «Scheidungswaisen» haben sie am eignen Leib gespürt, in welch existentielle Not ein Kind gerät, wenn Vater und Mutter (die sie beide lieb haben) versuchen, einander bei dem Kind auszustechen. Mal herumgezerrt, mal mit Geschenken überhäuft, aber nie wirklich geliebt – lebende Munition im Krieg der Geschlechter.

Die glückliche Familie ist zum Ausnahmefall geworden. Im wirklichen Leben ist es schon schwierig genug, sich erst einmal selbst glücklich zu machen.

Dennoch werden Ehe und Familie nie völlig verschwinden.

Unter der Vielfalt der Lebensformen werden sie ihren Platz behaupten, solange es Menschen gibt, die

- vernarrt in Kinder sind und sich nichts Schöneres vorstellen können, als von morgens bis abends Eltern zu spielen;
- für eine pompöse Hochzeit in Weiß bereit sind, spätere Krisen, Tränen und fliegende Teller in Kauf zu nehmen;
- allein einfach hilflos sind;
- sich ausrechnen, wie viel Steuern, Miete und Lebenshaltungskosten sie in einer Ehe sparen;
- wie ihre Großeltern denken: Als Mann suchen sie eine Hausfrau, als Frau einen Versorger;
- gern wissen wollen, wem sie einst ihre aufgehäuften Reichtümer vererben werden;
- die tatsächlich die große Liebe ihres Lebens fanden.

Das Fortbestehen der Familie bedeutet auch, dass es stets Singles geben wird, die auf eine Ehe warten, und Verheiratete, die lieber heute als morgen aus dem Gefängnis ihrer Ehe ausbrechen würden. Eine besonders problematische Gruppe bilden Singles, die mit ihrem Alleinleben unglücklich sind und alle Anstrengungen darauf richten, sich möglichst bald in den schützenden Hafen der Ehe einzuschiffen. Denn sie leiden unter ihrem Solistendasein und erwarten von dem Mann oder der Frau ihres Lebens die Erlösung von allem Übel. Finden sie schließlich jemanden, wollen sie ständig um ihn sein, ihm alle Wünsche von den Augen ablesen, ihm alles recht machen. Der oder die Neue, anfangs belustigt oder gar geschmeichelt, wird bald versuchen, sich in diesem Übermaß an aufgedrängter Zuneigung ein paar Freiräume zu bewahren.

Einer meiner Studenten, 27 Jahre alt, erzählte mir bei einem Bier im Studentenklub:

> «Als Birgit mir am Telefon sagte, sie will heute mal für sich sein, brach eine Welt für mich zusammen. Sie liebte mich nicht mehr! Ich hab mich wirklich idiotisch verhalten, hab ihr Blumen schicken lassen und dann den Boten angerufen, weil ich wissen wollte, ob er den Eindruck hatte, dass sie allein zu Hause war. Sie ging dann immer mehr auf Abstand, und

als sie mir den Brief geschickt hatte, dass alles aus ist ... sie hat es mir nicht einmal persönlich gesagt. Deswegen möchte ich mit dem ganzen Gefühlskram nichts mehr zu tun haben. Wenn ich mich engagiere, engagiere ich mich total.»

Die Ideale der Singles prägen auch die bestehenden Partnerschaften. Mehr als früher versuchen Männer und Frauen im Zusammenleben individuelle Freiräume zu erhalten. Wer das nicht respektieren kann, wer «klammert», muss damit rechnen, bald wieder allein zu sein.

Die Folgen sind abzusehen: Nach mehrfachem Scheitern stürzt sich der Vereinsamte in Ersatzbeschäftigungen. Arbeit bis zum Umfallen, auch abends und an den Wochenenden. Wohltätigkeit für Bekannte und anonyme Organisationen, um Lob für seine Selbstlosigkeit zu ernten. Eine Fülle von Freizeitaktivitäten nach Terminkalender, ein Hasten von Höhepunkt zu Höhepunkt, nur nicht einen Moment zur Besinnung kommen! Bis eines Tages der Burn-out – die totale Erschöpfung – alle Tätigkeiten stoppt.

Der Begriff «Burn-out» tauchte Ende der siebziger Jahre in den USA auf, um ein neues Krankheitsbild zu bezeichnen, das vor allem unter Angehörigen pflegender Berufe – Ärzte, Sozialarbeiter, Krankenschwestern – gehäuft auftrat. Es ist ein Zustand innerer Erschöpfung, der mit depressiven Stimmungen einhergeht, welche die Betroffenen meist mit Alkohol und Tabletten bekämpfen, was auf Dauer die Depression noch vertieft. Der Ablauf ist in der Regel der folgende:

1. Mit Überengagement und Arbeitswut versuchen die Betroffenen, vor sich selbst die dämmernde Erkenntnis zu verbergen, dass ihr Beruf ihnen nicht den Sinn ihres Lebens zu liefern im Stande ist.
2. Sobald nicht mehr zu leugnen ist, dass ihr Bemühen nicht die erwarteten Erfolge brachte, folgt eine Phase der Desillusionierung. Die Arbeitseinstellung wandelt sich von Eifer zu Widerwillen und Verdruss. Auf hohe Beanspruchungen reagieren sie von nun an mit Hilflosigkeit, aggressiven Ausbrüchen oder Depression.

3. Es wird nur noch das absolut Notwendige getan. Alkohol und Medikamente betäuben. Fehlzeiten häufen sich. Das verstärkt den Eindruck, erfolglos zu sein. Am Ende steht Verzweiflung, manchmal sogar ein Selbstmordversuch.

Wer sich engagiert, nicht um des Engagements willen, sondern um das Gefühl privaten Versagens zu kompensieren, ist besonders gefährdet. Irgendwann bricht das Gefühl der inneren Leere mit doppelter Härte durch. Egal, ob es gelingt, lebenslang die Selbsttäuschung aufrechtzuerhalten, oder ob irgendwann der Zusammenbruch kommt – es ist diese Gruppe von Singles, die die Statistik von Lebenserwartung und Gesundheit nach unten drückt.

Die Lösung besteht nicht in einer Flucht in irgendeine Ehe. (Burn-out kommt ebenso unter Verheirateten vor.) Vielmehr muss der Betroffene lernen, mit sich selbst Freundschaft zu schließen. Wer ständig die Anerkennung von anderen braucht, um sich wertvoll und glücklich zu fühlen, wird leiden, wenn diese Bestätigung ausbleibt. Das ist ein Zeichen für einen Mangel an Selbstliebe. Erst dadurch wird das Gefühl der Vereinsamung übermächtig. Was man dagegen tun kann? Ich komme in den Kapiteln 3, 6 und 7 (siehe besonders Abschnitt «Wieder frei ...», S. 183 ff.) darauf zurück.

Immer Ärger mit der Liebe

Der «echte» Single ist einer Partnerschaft nicht abgeneigt, aber sie ist nicht Dreh- und Angelpunkt seines Lebens. Wichtiger sind für ihn andere Werte. Sie heißen Autonomie, Freiheit, Unabhängigkeit und Selbstbestimmung. Warum all seine Freizeit, seine Kraft und sein Geld einem nörgelnden Ehepartner und aufsässigen Kindern widmen? Warum nicht all das selbst genießen? Es ist sehr leicht, ein solches Denken als Egoismus und Beziehungsunfähigkeit abzustempeln. Aber steckt dahinter nicht vielmehr die realistische Einsicht, dass der Eheälltag nicht hält, was das romantische Liebesideal verspricht?

Es ist kein Zufall, dass gerade der Feminismus den Anstoß für eine Neubestimmung lieferte. «Warum sollen wir unser Leben für einen Ehemann und dessen Stammhalter aufopfern?», fragten sich viele Frauen. «Weil er uns versorgt? Wir können selbst arbeiten! Wir wollen auch Karriere machen! Wir verdienen unser eigenes Geld und geben es aus nach Lust und Laune, ohne schlechtes Gewissen, ohne Rechenschaft ablegen zu müssen!»

In der Männerwelt ist die Umwertung aller Werte noch nicht abgeschlossen. Eine praktikable Alternative jenseits der Schreckgespenster Macho und Softie zu finden fällt schwer. Allein die Tatsache, dass von nun an beide Partner das Sagen haben und sich über jede Kleinigkeit des Alltags einigen müssen, lässt die Schwierigkeiten des Einigwerdens ins Unermessliche wachsen. Da liegt die Frage nahe: Warum nicht auf den Stress verzichten? Soll doch jeder sein eigenes Reich bewahren. Wir treffen uns, um die schönen Stunden miteinander zu teilen, ansonsten mag jeder nach seiner Fasson selig werden. Und sollten wir nicht mehr miteinander klarkommen: kein Ärger mit dem Aufteilen der Habseligkeiten, mit dem Auszug aus der gemeinsamen Wohnung, kein Zwang zu einem totalen Neuanfang.

Kurz, auch für viele Männer erweist sich die feministische Eigenständigkeit als Vorteil. Einer meiner Freunde, 34 Jahre alt, sagte mir:

> «Für eine Frau und Kinder sorgen zu müssen, wo mein Geld nicht mal für mich reicht, der Gedanke ist für mich der reine Horror. Wenn ich will, kann ich mitten in der Nacht baden oder eben mal zu einem Bikertreffen fahren, und niemand motzt rum.»

Und seine ehemalige Freundin, 26 Jahre, bestätigte:

> «Zuletzt hatte ich bei meinem Freund nur noch das Gefühl, ich bin ihm ein Klotz am Bein. Wenn ich merkte, er würde sich lieber mit seinen Kumpels treffen, hab ich schon von mir aus gesagt: ‹Du, ich habe heute Abend keine Zeit.› So hat sich unsere Beziehung nach und nach wie von selbst aufgelöst.»

Ob man sich für eine Beziehung entscheidet oder lieber für sich bleibt, ist für die meisten heutzutage eine Güterabwägung. Man hat jemanden kennen gelernt und überlegt eines Tages: Zusammenziehen mit allen Risiken oder lieber Distanz wahren? Im ersten Kapitel fanden Sie eine Tabelle über die Vor- und Nachteile des Alleinlebens, wie sie sich aus soziologischen Daten ergeben. In der Vorbereitung dieses Buches habe ich zusätzlich Leute mit Single- und Partnerschaftserfahrung gefragt, was nach ihren persönlichen Erfahrungen für das eine und für das andere spricht, und ihre Antworten thematisch geordnet. Dabei herausgekommen ist die Tabelle auf der nächsten Seite.

Was dem einen ein Vorzug ist, darunter leidet der andere. Gewinn-und-Verlust-Rechnungen fallen bei jedem Menschen anders aus. Eine entscheidende Rolle für die Bewertung spielen bisherige Erfahrungen mit Partnerschaften. Als 1992 die Wickert-Institute im Auftrag der Zeitschrift *Wiener* Singles unter 40 Jahren nach ihren Trennungsgründen befragten, wurden vor allem genannt (Mehrfachnennungen waren möglich): unter-

Single	Beziehung
morgens aufstehen, wann man will – an Arbeitstagen zum Beispiel erst kurz vor dem Losfahren und ohne Frühstück	morgens nicht allein aufwachen
Für-sich-sein-Können	Vertrautheit, Zärtlichkeit, niemals einsam sein
keine Familienpflichten	unangenehme Pflichten übernimmt der andere
niemandem verpflichtet oder dankbar sein müssen	einem anderen Menschen das Wichtigste auf der Welt sein
man kann einen sparsamen Haushalt führen	bei gemeinsamem Haushalt spart man Geld
man kann spontanen Launen nachgeben	man langweilt sich nicht allein zu Haus
niemandem Rechenschaft geben müssen, wie man seine Zeit verbringt, warum man dies und nicht jenes tut	man weiß, wo man hingehört
spontaner Sex ohne Pflicht	regelmäßiger Sex
wenn man einen schlechten Tag hat, bekommt es niemand mit	wenn man ein Tief hat oder krank wird, wird man aufgemuntert oder gepflegt
man unternimmt, wozu und mit wem man Lust hat, ohne sich mit seinem / seiner Partner(in) abstimmen zu müssen	man hat stets einen Begleiter bei Unternehmungen, mit dem man sich über Eindrücke austauschen kann
das Schönste am Urlaub sind die Flirts mit Unbekannten	Urlaubsbegleitung ist kein Problem, an Feiertagen ist man nie allein

schiedliche Persönlichkeiten (39 Prozent), unterschiedliche Interessen (33 Prozent), persönliche Differenzen (32 Prozent) und Kleinigkeiten (25 Prozent) – kurz, Gründe, die das Gericht bei einem Scheidungsprozess unter «Unvereinbarkeit der Charaktere» zusammenfassen würde. Zu wenig Entfaltungsmöglichkeiten, Karrieregründe und unterschiedliche Freizeitaktivitäten folgten mit 18, 16 und 15 Prozent. Zu große Nähe nannten ebenfalls 15 Prozent. Die klassischen Gründe – mangelnde Liebe (13 Prozent), Untreue des Partners (7 Prozent), Kinder-

oder Heiratswunsch (5 Prozent), sexuelle Probleme (2 Prozent) und Geld (1 Prozent) – spielten nur eine geringe Rolle.

Diese Zahlen spiegeln ein verändertes Bewusstsein. Man hat es nicht mehr nötig, sich mit einem Menschen zusammenzuraufen, der andere Vorlieben und Werte hat als man selbst. Deswegen trennen sich Pärchen bereits, bevor die klassischen Katastrophen wie Untreue, Kinder, sexuelle Differenzen oder Geld zum Tragen kommen. In eine neue Partnerschaft geht man mit größeren Vorbehalten. In der gleichen Umfrage wurde auch die Frage gestellt: Was schreckt Sie am meisten an einer festen Bindung? Am häufigsten wurden genannt: Rechtfertigungspflicht (38 Prozent), Streit um Kleinigkeiten (34 Prozent), Beziehungsstress (29 Prozent), zu wenig Zeit für sich selbst (27 Prozent). Hausarbeiten (14 Prozent) oder Verpflichtung zur Treue (12 Prozent) spielten wiederum eine geringere Rolle.

Sind Singles deswegen narzisstisch, egoistisch oder verantwortungslos? Nicht mehr als andere. Wer sich nach einigen Monaten heißer Leidenschaft für die Ehe entscheidet, sollte auch abwägen, was er gewinnt und was er verliert. Wer sich blindlings zum Standesamt führen lässt, dem droht ein böses Erwachen. Eheberater empfehlen seit langem, vor der Hochzeit einander wenigstens ein halbes Jahr lang beim Zusammenwohnen zu testen. Letztlich muss jeder allein entscheiden, ob für sie oder ihn die Vorteile der linken Tabellenspalte oder die der rechten überwiegen. Patentlösungen gibt es nicht. Auch in vielen andren Bereichen wägen wir ab: Kinder ja/nein und, wenn ja, wie viele? Sich auf eine mühsame Jobsuche begeben oder den Schritt in die Selbstständigkeit wagen? Ein behindertes Familienmitglied zu Hause pflegen oder sich um Fremdbetreuung bemühen? Haus oder Eigentumswohnung kaufen und sich auf Jahre verschulden oder doch lieber Miete zahlen?

Die Entscheidung hängt immer vom Einzelfall ab. Erhobene Zeigefinger nutzen da wenig. Interessanter scheint mir, dass das Alleinwohnen in den letzten Jahren offenbar immer vorteilhafter wird. Die Entscheidung fällt gegen das Familienleben, weil es mit zu vielen Nachteilen verbunden ist. Nehmen wir das Berufsleben. Früher galt ein Verheirateter als der verlässlichere Angestellte. Das Vorurteil, dass ein Arbeiter mit geordneten Familienverhältnissen auch ordentlich arbeitet, lässt sich zwar durch nichts bestätigen, hielt sich aber hartnäckig bis in die jüngste Zeit. Heute erweist sich die Familie eher als Nachteil auf dem Arbeitsmarkt, und zwar dann, wenn der Mitarbeiter kurzfristig auch abends oder am Wochenende Überstunden leisten oder öfter auf Dienstreisen gehen soll. Mobilität ist ein Vorzug, über den Singles in hohem Maße verfügen. Die 49-jährige Leiterin einer Marketingabteilung erzählte mir:

> «Ich bin praktisch ständig auf Achse zwischen den Niederlassungen unseres Unternehmens, wichtigen Kunden und mehreren Messen im Jahr. Schon bei der Einstellung hat man mir gesagt, dass ich mindestens ein Drittel der Zeit unterwegs sein werde.»

Singles haben es auch leichter bei der Wohnungssuche. Alleinstehende, die im Berufsleben stehen, können sich Apartments leisten, in denen locker eine mittlere Familie Platz finden würde. Sie bringen meist keine Kinder mit, die im Haus herumtoben (und wenn, verbringen sie viel Zeit bei der Oma), sie sind ständig unterwegs, nutzen die Wohnungen kaum ab und überweisen die Miete pünktlich per Dauerauftrag.

Dass die Zahl der Singles in Großstädten überproportional zugenommen hat – obwohl (oder weil) sie dort leichter Kontakte finden –, liegt an der spannenden Kultur- und Freizeitszene. Wer etwa in Berlin ein bestimmtes Theater oder eine ausgesuchte Galerie erreichen will, muss unter Umständen schon kurz nach achtzehn Uhr aus dem Haus, wenn er um zwanzig Uhr da sein will. Für Singles kein Problem. Noch im Büro die Klamotten wechseln, am nächsten Imbiss eine Stärkung zu sich nehmen, und auf geht's. Mit Kindern und Ehemann ist das kaum machbar.

Auch Hobbys, die einen gewissen zeitlichen und organisatorischen Aufwand erfordern (Fallschirmspringen, Reiten, Segeln, Bergsteigen …), stellen Verheiratete vor erhebliche Probleme. Es müssen Babysitter organisiert werden, das Familienleben darf zwischen Beruf und Hobby nicht zu kurz kommen, unterschiedliche Interessen müssen unter einen Hut gebracht werden. Singles fahren einfach los.

Ist es da ein Wunder, dass immer mehr Leute sagen: Nichts gegen eine Beziehung – solange meine Karriere, meine Hobbys und meine Autonomie nicht in Frage gestellt sind!

Risikofaktor Autonomie

Ihre Freunde stehen Ihnen mit Ratschlägen zur Seite, aber ob und wie Sie sie umsetzen, ist Ihre Sache. Kein Wunder, dass Alleinlebende im Allgemeinen mehr gestresst sind als Eheleute.

Um als Single glücklich zu werden, benötigen Sie daher eine bestimmte Charakterstruktur.

Sie müssen aktiv leben und über Selbstdisziplin verfügen, Sie benötigen Organisationstalent und kommunikative Fähigkeiten. Sie sollten sich in allen wichtigen Bereichen der Gesellschaft auskennen: Grundwissen über Finanzökonomie brauchen Sie ebenso wie elementare handwerkliche Fähigkeiten und ein paar Kochkenntnisse. Sie sollten eine Steuererklärung ausfüllen und auf ihre Richtigkeit überprüfen, in Einzelteilen gelieferte Computer und Möbel der Anleitung entsprechend zusammenbauen, Kontoauszüge und Telefonrechnungen richtig deuten und sich bei Krankheiten und Seelenkummer selbst erste Hilfe leisten können. Falls Sie mit einem dieser Probleme absolut nicht klarkommen, sollten Sie zumindest Freunde zu Ihrer Unterstützung mobilisieren und sich bei ihnen mit Gegenleistungen revanchieren können.

Wie schon erwähnt, weist die Statistik knapp dreizehn Millionen Einpersonenhaushalte in Deutschland auf. Das scheint bei achtzig Millionen Einwohnern nicht viel zu sein. Doch ziehen Sie von der Einwohnerzahl die Kinder ab und bedenken Sie, dass viele Singles keinen eigenen Haushalt führen, weil sie bei ihren Eltern oder Verwandten leben, zählen Sie die getrennt lebenden Ehepaare, die Alleinerziehenden, die Wohngemeinschaften, die Obdachlosen dazu – und schon ändert sich das

Bild. Bedenken wir außerdem, dass die Statistik die Anzahl zu einem ganz bestimmten Zeitpunkt erfasst. Ein Großteil der Leute, die eigentlich als Singles leben, sind dann gerade fest liiert, zum Teil so fest, dass sie eine gemeinsame Wohnung führen. Sie gelten für die Statistiker als zusammenlebend. Aber weit über achtzig Prozent aller Beziehungen dauern nicht länger als vier Jahre. Das bedeutet, ein paar Jahre später sind die meisten der Liierten wieder ins Singleleben zurückgekehrt – zumindest vorübergehend –, dafür versuchen andere, die vorher solo waren, Erfahrungen im Zusammenwohnen zu sammeln.

Wie viele Menschen zwischen dem Alleinleben und dem Experimentieren mit Lebensabschnittspartnern hin- und herwechseln, weiß niemand so genau. In früheren Jahrhunderten zwangen wirtschaftliche Gründe Männer und Frauen, an ihren Ehen festzuhalten. Heute ist unser Land reich genug, dass sich jeder den Luxus des Alleinwirtschaftens leisten kann. Früher sprach alles für die Familie, heute ist die Entscheidung freigestellt.

Singles werden von Verheirateten nicht nur wegen fehlender Nähe und Intimität bemitleidet, sondern auch wegen ihrer Autonomie beneidet: Noch einmal ausbrechen aus der Routine! Noch einmal ganz von vorn anfangen können! Wenn du nach Hause kommst, lauert dir keine nörgelnde Ehefrau auf, die Liebesbeweise in Form von Blumensträußen und langen Gesprächen fordert! Wenn du Urlaub machen willst, brauchst du keine Rücksicht auf die Schulferienzeiten der Kinder und die Trägheit des Ehemanns zu nehmen. Wenn dein Kerl dich langweilt, wirfst du ihn einfach hinaus. Während ich meine Seitensprünge verheimlichen muss, kannst du deine Eroberungen stolz vor aller Welt präsentieren. Wenn du den Job wechseln, ein halbes Jahr in England arbeiten, an der Volkshochschule einen Ikebanakurs belegen, ein Pferd kaufen oder mit fünfundvierzig noch Klavierstunden nehmen willst – nur zu! Niemand wird dir entgegnen: ‹Bist du von allen guten Geistern verlassen? Mach dich lieber mal ein bisschen im Garten nützlich!›

Aber Autonomie ist ein zweischneidiges Schwert. Alle Verantwortung für das eigene Leben fällt auf einen selbst zurück. Sie können unbequeme Dinge nicht mehr einem Partner übertragen. Sie dürfen Ihre Angelegenheiten selbst entscheiden, aber Sie müssen sich auch um alles selbst kümmern. Selbst wenn Sie Ihre Steuererklärung oder die Pflege Ihres Autos Fachleuten überlassen, müssen Sie dafür sorgen, dass sie ihre Arbeit ordentlich erledigen, im Konfliktfall reklamieren, prozessieren, sich um Hilfe von außen bemühen.

Ein Single, der sich gehen lässt, wird von niemandem gerettet. Wissen Sie, wie viel Alleinwohnende sich dem Suff ergeben, depressiv werden und sich von allen Kontakten zurückziehen, nur noch mit Tranquilizern und Aufputschmitteln über den Tag kommen oder auf bürokratische Pflichten nur dann reagieren, wenn sie mehrfach gemahnt oder gar gepfändet werden? Die obdachlos sind oder am Hungertuch nagen, weil sie es nicht schaffen, sich mit genügendem Nachdruck um Sozialhilfe zu bemühen? Die Zahl derer, die mit mindestens einem dieser Probleme dauerhaft zu kämpfen haben, übersteigt die Millionengrenze deutlich. Unter diesen Verlierern unserer reichen Gesellschaft sind Singles weitaus häufiger zu finden als unter der Durchschnittsbevölkerung. Eine nicht bewältigte Lebenskrise genügt, und ein bisher unauffälliger, geachteter Bürger gerät in einen Teufelskreis aus Hilflosigkeit und Armut.

Bei jungen Leuten sind extreme Schicksale selten. Wer nicht gerade schwer drogenabhängig oder psychisch gestört ist, geht nicht unter, selbst wenn er die Dinge nur auf sich zukommen lässt. Die eigenen Eltern oder Geschwister können sich noch um einen kümmern, selbst Ungelernte finden wenigstens ab und zu einen Job. Man findet leicht Kontakt zu Gleichaltrigen. Die körperliche Leistungsfähigkeit ist hoch, die Gesundheit intakt. Das ändert sich spätestens jenseits des vierzigsten Lebensjahres. Die Chancen auf dem Arbeitsmarkt sinken rapide. Man muss sich selbst um Kontakte bemühen, um nicht nach und nach alle Freunde zu verlieren. Der Körper ist nicht mehr beliebig belastbar. Wer jetzt nicht genügend Eigeninitiative und Selbstkontrolle aufbringt, den bedrohen Depressionen und Alterseinsamkeit. Er wird viele Anforderungen des Alltags nicht mehr bewältigen und dem Behördendschungel hilflos gegenüberstehen.

Autonom sein heißt frei sein. Es heißt aber auch, mit Risiken leben. Die Gefahr, früher invalid zu werden, eher zu sterben, dem Alkohol oder einer anderen Sucht zu erliegen, ist hoch – besonders bei Männern. Frauen kommen mit Einsamkeit im Allgemeinen besser zurecht.

Die Verlierer des Singledaseins finden sich fast ausschließlich unter den unfreiwilligen und den Alters-Singles. Das beweist: Die Einstellung ist das Entscheidende! Nur wer das Für-sich-Sein als Chance begreift, wird im Alleingang glücklich. Für die freiwilligen Solisten kein Problem. Die anderen, die durch Tod, Trennung oder weil sie niemanden fanden, zum Einzelgänger wurden, stehen vor einem Dilemma. Wer mit aller Gewalt schnellstmöglich zurück in eine Partnerschaft finden möchte, verbaut sich gerade durch seine Sehnsucht alle Chancen. Begehrt sind die Selbstsicheren, die Erfolgreichen und Zufriedenen. Wer bindet sich schon gern an jemanden, der nach jedem mitleidigen Herz wie nach einem Rettungsanker greift? Der alles sucht und nichts zu bieten hat?

Das Paradoxe ist: Nur wer als Single glücklich ist, hat echte Chancen auf eine glückliche Partnerschaft. Die unglücklichen Singles sind zugleich die erfolglosen Wanderer durch Kontaktanzeigenblätter und Partnervermittlungsagenturen. Finden sie endlich in eine neue Beziehung, wollen sie in ihr alle Geborgenheit und Sicherheit erlangen, die sie so lange vermisst haben. Der andere fühlt sich überfordert, vereinnahmt, er wird versuchen, ein wenig Eigenständigkeit zu bewahren. Die ersten Auseinandersetzungen zum Thema «Du liebst mich nicht genug!» sind programmiert.

Die glücklichen Singles sind die besseren Partner. Sie können sich in eine Beziehung fallen lassen, ohne die Eigenständigkeit des anderen zu bedrohen. Neben einer positiven Einstellung zur Autonomie fördert auch ein gewisser Bildungsgrad das Alleinleben. Sie müssen keinen Intelligenzquotienten jenseits der 120 besitzen. Aber ein breit gefächertes Wissen über die gesellschaftliche Umwelt und die Psychologie Ihrer Mitmenschen hilft Ihnen, die vielfältigen Möglichkeiten, die unsere Gesellschaft bietet, für sich zu nutzen. Haben Sie dagegen Schwierigkeiten, eine Überweisung auszufüllen, eine Bedienungsanleitung zu verstehen oder sich in den Gelben Seiten zurechtzufinden? Dann sollten Sie sich diese Kenntnisse schleunigst aneignen oder dafür sorgen, dass Sie stets jemanden um sich haben, der Ihnen im Notfall unter die Arme greift.

Ohne den Teufel an die Wand malen zu wollen: Die Bedeutung solchen Wissens nimmt mit dem Alter zu. Mit zwanzig genügt es, die Dinge so zu erledigen, wie Sie es von den Eltern gelernt haben. Machen Sie einen Fehler, wird man Ihnen nachsichtig helfen. Sie sind ja noch jung; verzeihlich, dass Sie noch keine Erfahrung haben. Mit sechzig entfallen beide Vergünstigungen. Ja, mehr noch: Ein Großteil der Alltagsabläufe wird sich geändert haben, weil die Gesellschaft sich ändert. Wehe, wenn Sie es nicht schaffen, von sich aus umzulernen! Seit ich zwanzig war, habe ich unter anderem neu lernen müssen:

- den Umgang mit Geldkarten,
- Steuergesetze und das Ausfüllen von Steuererklärungen,
- Kredit- und Geldanlageformen,
- mit Erfolg Reklamationen durchzuboxen,
- das Bedienen von Computern (angefangen vom BASIC-Programmieren auf dem C 64 bis zur Handhabung von Textverarbeitung, Tabellenkalkulation und Internet)
- und – wie aus diesem Buch ersichtlich – neue Rechtschreibregeln.

Wie oft hören wir Ältere sagen: «Dafür bin ich zu alt. In meinem Leben lerne ich das nicht mehr.»? Im Schoße einer intakten Familie können Sie sich eine solche Haltung eventuell leisten. Eheleute können sich die unangenehmen Pflichten teilen. Für einen Single bedeutet es, nach und nach den Zugang zur Außenwelt einzubüßen.

Die Single-Gesellschaft und ihr Jugendkult

Bis heute wird vor das Wort «Single» gern das Eigenschaftswort «jung» gesetzt. Dass junge Leute erst einmal ihre Hörner abstoßen und etwas von der Welt sehen wollen, wird ihnen ohne Zögern zugestanden. Zwar gibt es Alleinlebende massenhaft auch unter Älteren, aber man billigt ihnen nicht ohne Weiteres jenen Lebensstil zu, der das Solistendasein so begehrenswert macht: Mobilität, Abwechslung, Nachtleben, Lebensgenuss. Daran ist ein Körnchen Wahrheit. Ältere Alleinwohnende leben in Erinnerung an ihre früheren Familien, die sie durch Scheidung oder Tod verloren. Oder sie verstehen sich als verhinderte Familiengründer. Selbstbewusste Solisten sind unter ihnen selten. Die Singlekultur entstand in den Achtzigern als Jugendkultur. Das Durchschnittsalter lag bei unter 30.

Mittlerweile dehnt sich die Jugendkultur auf immer ältere Jahrgänge aus. Das hat zwei Gründe. Zum einen werden die Vorreiter der neuen Lebensweise immer älter. Die meisten von ihnen sind nicht in die Ehe abgetaucht (oder nur vorübergehend) und frequentieren nach wie vor die Klubs und Kleinkunsttheater. Zum anderen nehmen mittlerweile auch die Älteren der Vor-Single-Generation die Angebote für Einzelgänger wahr. Manch einer wird nach zwanzig Jahren Ehe geschieden und entdeckt plötzlich, daß er nicht allein steht, sondern Tausende wie er unterwegs sind, um sich zu amüsieren und die neue Freiheit zu genießen. Eine ganze Industrie von Freizeitangeboten wartet auf sie und ihn. Aus dem, was in seiner Jugend ein Makel war, ist ein Vorzug geworden. Solo sein, das ist hip, das liegt im Trend, das ist die Zukunft. Kaum eine Diskothek, die nicht einmal in der Woche einen Single-Abend anbietet. Reisebüros werben für Touren speziell für Einzeltouristen, Kontakte für sexuelle Abenteuer inbegriffen.

Wenn Sie einmal die verschiedenen Szenelokale Ihrer Stadt, die Theater, Kinos und Bars beobachten, werden Sie bestätigt finden, dass sich die Jugendkultur auf ältere Gruppen ausdehnt. Vierzigjährige gehören wie selbstverständlich dazu, Fünfzigjährige sind keine Seltenheit mehr. Es waren die Aktivisten der achtundsechziger Generation, die als Erste in großem Stil dem Familienleben Adieu sagten und eine alternative Kulturszene schufen. Heute sind sie zwischen vierzig und fünfundfünfzig. Wenn sie in zehn bis zwanzig Jahren ins Pensionsalter kommen, werden sie sicher nicht ihren Eltern nacheifern und Seniorenklubs gründen, sondern Yogakurse, Jazzkeller und Off-Theater bevölkern. Es ist sehr unwahrscheinlich, dass sie mit sechzig anders denken sollten über das, was das Leben lebenswert macht, als mit dreißig.

Der Kult um den jungen Einzelgänger hat noch eine andere Seite. Singles sind ein erheblicher Wirtschaftsfaktor. Fragt man Alleinlebende nach den Nachteilen ihrer Lebensweise, werden die hohen Lebenshaltungskosten an vorderer Stelle genannt. Zu zweit spart man, allein lebt man teuer. Da zwei Einzelne allein mehr verbrauchen als zusammen, beleben sie die Konjunktur. In Zeiten stagnierender Märkte kurbeln sie den Umsatz an. Singles haben nicht wenig zu der Wohnungsknappheit beigetragen. Würden die mehr als zwölf Millionen Singles Deutschlands schlagartig Paare bilden, wären mit einem Mal sechseinhalb Millionen Wohnungen frei. Manche Industrien müssten ein Schattendasein führen, gäbe es nicht die Singles. Dazu gehören die Hersteller von Fertiggerichten, die Produzenten und Verkäufer ausgeflippter Mode und anderer Outfit-Produkte, die Herausgeber von Stadtmagazinen, die Betreiber von Fitnessstudios, Kneipen und Kultureinrichtungen. Nicht zu vergessen ist der wachsende Markt der Lebenshilfe: Zeitschriften und Bücher über praktische Psychologie, Sport und Gesundheit, Therapiezentren, Schönheitsfarmen und so weiter. Andere verdanken ihnen zumindest kräftige Umsatzsteigerungen: Baumärkte, Möbelproduzenten, Tierhandlungen, Taxifahrer, aber auch Hersteller von harten Getränken und Kaugummi.

Bis jetzt umwerben die Produzenten ein hauptsächlich junges Publikum. Da junge Singles die besten Chancen bei der Konkurrenz auf dem Arbeits- und Partnerschaftsmarkt haben, orientieren sich die Älteren an ihnen. Das funktioniert so lange, wie die Szene in der Mehrzahl aus unter Vierzigjährigen besteht. Wenn die Szene aber – aus den oben genannten Gründen – in die Jahre kommt, wird sich das ändern. Erfahrungsgemäß verzichten die Menschen irgendwann zwischen fünfzig und sechzig darauf, ihr Alter zu verleugnen. Sie hören auf, sich die Haare zu färben, kaufen dezentere Kleidung und denken nicht mehr daran, mit den Jüngeren zu wetteifern. Der Aufwand und die Gefahr, sich lächerlich zu machen, werden zu groß.

Aber Ältere bleiben ein mächtiger Konsumfaktor. Die meisten verdienen mehr als ihre jungen Kollegen. Häufig haben sie erhebliche Summen auf dem Sparbuch. Ihr Anteil an der Gesellschaft nimmt zu, wie wir aus den Diskussionen um die Renten der Zukunft wissen. Sie arbeiten weniger als junge Leute oder gar nicht, sind daher von der Werbung leichter zu erreichen und haben mehr Zeit für den Konsum. Wer sein Leben allein vor dem Fernseher beschließt, konsumiert wenig. Vorausschauende Marketingexperten denken bereits darüber nach, mit welchen Angeboten man bejahrte Solisten von den Geräten weglocken und zum Geldausgeben verleiten kann.

Es gibt einen handfesten Grund, warum Werbefachleute sich bisher in erster Linie an jugendliche Zielgruppen wenden. Junge Leute sind in ihren Konsumgewohnheiten noch nicht festgelegt. Sie experimentieren noch mit verschiedenen Lebensstilen und folglich mit verschiedenen Produkten. Die Älteren haben sich längst entschieden. Sie wissen, welcher Kaffee ihnen am besten schmeckt und welches Auto sie am liebsten fahren. Nichtraucher über vierzig werden nicht auf einmal zur Zigarette greifen, Raucher bleiben bei ihrer Marke. Es ist erstaunlich, dass nur wenige Werbetexter und -filmer, die sich doch gern als kreativ bezeichnen, bereit sind, diese Herausforderung anzunehmen. Die neue Single-Generation wird die traditionelle Zweiteilung in ältere konservative und jüngere experimentierfreudige Konsumenten über den Haufen werfen. Das Alleinleben macht nur Freude, wenn die Umwelt Spaß und Abwechslung bietet. Davon werden die jetzt Dreißigjährigen, wenn sie einmal fünfzig geworden sind, nicht abgehen. Die Industrie wird es sich in Zeiten stagnierender Märkte nicht mehr leisten können, diese wachsende Gruppe potentieller Käufer sich selbst zu überlassen.

Ältere Singles sind auf dem Vormarsch. Nicht mehr lange, und es kommen mehr Singles ins Rentenalter als junge Singles nachwachsen – eine Folge des Geburtenrückgangs. Also kein Grund für Torschlusspanik! Wenn Sie in zwanzig Jahren noch allein leben: Singles-Reisebüros, Klubs allein lebender Senioren, Rentner-Wohngemeinschaften, eine noch vielfältiger werdende Kulturszene und Millionen von Gleichgesinnten werden sich darum reißen, Ihre Freizeit abwechslungsreich und spannend zu gestalten.

3. Mein Ich ist mein Kosmos – auf der Suche nach dem individuellen Lebensstil

Noch nie war Individualität so gefragt wie heute. Schon vom Äußeren her möchte jeder einzigartig und unverwechselbar sein, ganz zu schweigen von seinem Lebensstil, seinen Ansichten und seiner Persönlichkeit. Das bietet einen gewissen Schutz gegen die Anonymität, von der die meisten Alleinlebenden umgeben sind. Trotz allem Bemühen um Unterscheidung – es gibt einige Züge, die den Singles gemeinsam sind, Eigenschaften, die sich dadurch erklären lassen, dass sie einen großen Teil ihrer Zeit nur mit sich selbst verbringen.

Die Wohnung – Spiegel der Seele

Das eigene Heim ist für viele der wichtigste Bezugspartner. Die Wohnung kann ganz nach dem eigenen Geschmack gestaltet werden. Kein Partner verlangt Kompromisse. Funktionelle Zugeständnisse – Kinderzimmer, Arbeitszimmer des Partners – entfallen. Schauen Sie sich die Wohnung eines Singles an, und Sie kennen seine Persönlichkeit.

Eine Minderheit gestaltet ihre Wohnungen einfach und funktionell. Das sind die Karrierebewussten, die ihr Leben nach außen hin verlagern, die viele Abende im Büro oder auf Dienstreisen verbringen. Die Wohnung dient ihnen als Schlafplatz, als Aufbewahrungsort von Arbeitsunterlagen und Kleidung. Manche Zimmer haben sie seit Wochen nicht betreten. Sie rechnen damit, ohnehin im Interesse ihrer Laufbahn alle paar Jahre in eine andere Stadt zu ziehen. Auch viele Intellektuelle leben so. Sie vergraben sich zwischen Computer und Büchern, während sich der Rest der Wohnung allmählich in ein Chaos verwandelt.

Die meisten aber hegen und pflegen ihre Wohnung liebevoll. Egal, ob sie sie gekauft oder nur gemietet haben. Das verbreitete Bild vom Solisten, der seine gesamte Zeit zwischen Karriere und Aufreißdiskotheken teilt, trifft nur auf wenige zu. Die meisten gehen – wenn es hoch kommt – zwei, drei Mal pro Woche aus, die übrigen Abende verbringen sie zu Hause.

Daheim sein heißt allein sein. Um sich mit sich selbst wohl zu fühlen, muss das Ambiente stimmen. Fragen der Ästhetik spielen bei der Einrichtung eine große Rolle. Zunächst muss die Wohnung viel Platz bieten. Singles unter 25 beanspruchen im Durchschnitt etwa 40 Quadratmeter Wohnraum, zwischen 25 und 60 sind es 55 Quadratmeter, und die über Sechzigjährigen leben auf mehr als 60 Quadratmetern. Die enorme Wohnfläche der Senioren kommt teilweise dadurch zu Stande, dass sie die Wohnungen oder Häuser behalten haben, die sie früher mit Ehegatten und Kindern teilten. Dennoch: auch der Wohnraum junger Singles übertrifft den Durchschnitt aller Bundesbürger (also einschließlich Familien mit Kindern) deutlich, der bei 35 Quadratmetern pro Person liegt.

Diese Zahlen sind umso erstaunlicher, als es auch viele arme Singles gibt. Meist allein stehende Mütter. Ein Drittel von ihnen lebt von Sozialhilfe. Auch Studenten sind oft monatelang auf der Suche nach einem billigen Einzimmerapartment. Immer mehr Ledige unter 30 wohnen weiter bei ihren Eltern – wegen der Kostenersparnis. Hermann Josef Wüstefeld vom Deutschen Mieterbund ist deshalb überzeugt, dass die Zukunft der Zweckwohngemeinschaft gehört. Seine Begründung:

> «Bezahlbarer Wohnraum bleibt weiterhin Mangelware. Das treibt besonders die Preise bei stark nachgefragten Objekten in die Höhe. Und dazu gehören vor allem Single-Wohnungen.»

Das bedeutet, mehrere Leute, die gerade solo sind – zum Beispiel zwei, drei Freundinnen –, mieten zusammen eine größere Wohnung. Sie hat meist einen günstigeren Mietzins pro Quadratmeter als kleinere Einheiten. Bei nur zwei Zimmern, Küche und Bad, zusammen rund fünfzig Quadratmetern (der typischen Single-Wohnung), sind tausend Mark und mehr pro Monat keine Seltenheit mehr. Den sparsamen Singles stehen jedoch sehr viele sehr gut verdienende Einzelgänger gegenüber, für die eine große Wohnung gleichbedeutend mit Lebensqualität ist.

Ihre Einrichtung darf Geld kosten. Ein Drittel aller Singles kauft gern Exklusives: Designermöbel, ausgesuchte Einzelstücke, aber auch teure Heimtechnik. Stärker noch als Familien umgeben sie sich mit Apparaten, die eine Automatisierung der Hausarbeit versprechen. Beliebt sind die schmalen Versionen von Waschmaschinen, Kühlschränken und Geschirrspülern, weil sie Platz sparen und für den Verbrauch einer Einzelperson ausreichen. Dabei sind diese Geräte nicht billiger als ihre ausgewachsenen Geschwister. Mit dem Single-Boom stieg ihr Anteil am Gesamtumsatz auf annähernd zwanzig Prozent.

So mancher blättert stundenlang in Einrichtungsmagazinen, schlendert gern über Trödelmärkte auf der Suche nach dem ausgefallenen Kerzenständer, der die Kommode verschönt, speziellen Halogenscheinwerfern oder einer Jugendstilvase, die zu den Vorhängen passt. Wer wenig verdient, verzichtet deswegen nicht auf eine individuelle Wohnraumgestaltung. Dann wird gebastelt und selbst genäht, um die Kosten niedrig zu halten. Frauen wie Männer sind oft geschickte Heimwerker, Innenarchitekten und Köche in einem.

Zwei Drittel der Single-Frauen kocht selbst, ein Fünftel isst in der Kantine. Bei Männern kocht ein Drittel, ein weiteres Drittel frequentiert die Kantine. Die übrigen bevorzugen Gaststätten, den Schnellimbiss oder haben Verwandte, bei denen sie mit am Tisch sitzen. Bei den Köchen dominiert die Tiefkühlkost. Knapp eineinhalb Millionen Tonnen werden davon jedes Jahr bei uns verkauft. An der Spitze liegen Pizza, Königsberger Klopse und Hühnerfrikassee. Auch Snacks – Chinanudeln, Tacos, 5-Minuten-Terrine – sind im Vormarsch. Das ist die schnelle und preiswerte Küche für zwischendurch. Abends und am Wochenende zaubern viele zum Ausgleich aufwendige Menüs für eine Person. Wenn die beste Freundin ihr Kommen zusagt, umso besser. Schon der Einkaufsbummel durch die Lebensmittelabteilungen wird zur Entdeckungsreise. Da werden exotische Gemüse und Gewürze gesucht, die Rezepten mit fremdländischen Namen ihre Extravaganz verleihen. Ob Chinesische Gerichte, im Wok zubereitet, Fondue oder Raclette – endlich können die vor Jahren geschenkten und damals ratlos weggestapelten Küchengeräte hervorgekramt werden. Beim anschließenden Putzen, Anrühren, Schmoren und Brutzeln kann der Single seine kreativen Fähigkeiten beweisen. 60 Prozent aller Frauen, aber nur 16 Prozent der Männer glauben von sich, dass sie gut oder sehr gut kochen können. Eine Rinderroulade mit Rotkohl zum Beispiel trauen sich 67 Prozent Frauen und immerhin zwanzig Prozent Männer zu. Die Anleitung zum Zubereiten eines Rosenkohlauflaufs aus der letzten Fernsehzeitung kann da schon zum Ausgangspunkt einer selbst auferlegten Prüfung in puncto Lernfähigkeit und Geschicklichkeit werden.

Freunde – Garant gegen Einsamkeit

Freundeskreise sind die Versicherung gegen soziale Isolation. Die Leere, die der frühere Partner hinterlassen hat, können intime Freundschaften bis zu einem gewissen Grad wieder füllen. Singles machen die Erfahrung: Die Liebe kommt und geht überraschend wie ein Gewitter, die Freunde aber bleiben. Sie greifen uns unter die Arme, wenn wir nach einem Liebesverlust in ein schwarzes Loch fallen, die Firma Pleite geht oder uns der Vermieter kündigt.

«Mit Freunden ist's vorbei in schlimmen Tagen» wusste schon der altgriechische Dramatiker Euripides. In Umkehrschluss ergibt sich daraus die bekannte Weisheit: Ein guter Freund erweist sich erst in der Not. Im Ernstfall ist nur auf wenige Verlass. Der Kontakt zu Menschen, die uns in einer schweren Krise zur Seite stehen werden, muss in guten Zeiten sorgfältig gepflegt werden. Es genügt nicht, gelegentlich anzurufen, wenn man ein Anliegen hat. Freunde wollen spüren, dass der andere an ihrem Leben Anteil nimmt. Sie erwarten voneinander:

- Zuverlässigkeit
- Vertrauen
- Akzeptieren der Eigenarten und Vorlieben
- Interesse an Wohlergehen des anderen
- zuhören, ermuntern und trösten können
- Hilfsbereitschaft (ohne Aufdringlichkeit)
- Bereitschaft, sich füreinander einzusetzen.

Es ist kein Zufall, dass einige Bücher, die erfolgreiche Regeln für den Umgang mit Freunden verbreiten, seit Jahrzehnten Bestseller sind, zum Beispiel Freiherr Adolph von Knigges «Über den Umgang mit Menschen» oder Dale Carnegies «Wie man Freunde gewinnt». Ihre wichtigsten Empfehlungen vereint nachstehende Übersicht. (Eine weiter gehende Übersicht über erfolgreiche Gesprächstechniken finden Sie im sechsten Kapitel.)

- Schauspielern Sie nicht, seien Sie Sie selbst!
- Stellen Sie nicht sich selbst, sondern den Freund (die Freundin) in den Mittelpunkt Ihrer Gespräche!
- Knüpfen Sie an seinen (ihren) Interessen an!
- Betonen Sie Ihre gemeinsamen Ansichten, versteifen Sie sich nicht auf Ihre Differenzen!
- Spenden Sie Ihrem Freund (Ihrer Freundin) Komplimente, Lob und Anerkennung!
- Reden Sie nicht so viel von sich selbst, hören Sie lieber zu!
- Argumentieren Sie nicht so viel, stellen Sie lieber eine Frage!
- Interpretieren Sie Kritik als Frage nach den Gründen für Ihr Verhalten und beantworten Sie sie!
- Vermeiden Sie Drohungen, Vorwürfe und Kritik. Zeigen Sie vielmehr Verständnis für das Verhalten Ihres Freundes (Ihrer Freundin)!

Diese Leitsätze besagen in ihrer Summe nichts weiter als: Behandeln Sie Ihre Freunde zuvorkommend und höflich, wenn Sie von ihnen zuvorkommend und höflich behandelt werden wollen. Das genügt aber nicht. Eine Freundschaft muss auch Belastungen aushalten, also sich gerade dann bewähren, wenn die genannten Regeln verletzt werden. Würden Sie nicht erwarten, dass Ihre beste Freundin Ihnen die Wahrheit sagt, wenn Sie im Begriff stehen, eine Dummheit zu machen? Ist harte Kritik von ihr nicht heilsam, weil Sie wissen, dass sie Sie nicht klein machen, sondern Ihnen helfen will? Ist die beste Freundin nicht die

Einzige, die geduldig zuhört, wenn Sie stundenlang nur von sich reden? Und sind Sie nicht bereit, Ihr dieselbe Gunst zu erweisen? Bei wem, wenn nicht bei der besten Freundin, dürfen Sie sich Ihren gesamten Kummer von der Seele reden?

In der Jugend haben wir viele Freundschaften. Die meisten sind oberflächlich und verlieren sich nach einiger Zeit. Da sind ehemalige Klassenkameraden, Bekanntschaften aus der Ausbildungszeit, zufällige Bekanntschaften aus Diskotheken und dem letzten Urlaub. Man tauscht Adressen, telefoniert einige Male, trifft sich gelegentlich, sieht einander bei Geburtstagspartys. Nach zehn Jahren sind nur noch wenige Kontakte übrig. Diese übrig gebliebenen Freundschaften gewinnen aber an Wert, weil man den Lebensweg des andern lange begleitet hat. Man hat seine Höhen und Tiefen miterlebt, kennt seine Eigenarten und Schwächen genau und weiß seine Stärken zu schätzen. Was wir an Anzahl verlieren, gewinnen wir an Tiefe. Je älter wir werden, desto weniger neue Bekanntschaften kommen dazu.

Die wenigen Freunde, die über die Jahre zu uns gehalten haben, erlangen im Alter hohen Wert. Die Freunde sind einander gegenseitige Versicherung bei Notfällen, Krankheiten und Vereinsamung. Da kommt es schon vor, dass Frau A. ihren Koffer packt, sobald sie erfährt, dass ihre Freundin Frau B. krank daniederliegt und Pflege braucht. Oder Herr C. lädt seinen besten Freund, der gerade einen nahen Angehörigen verloren hat, in sein Ferienhaus ein, um ihn auf andere Gedanken zu bringen.

Wichtig sind für uns unbequeme Freunde – Männer und Frauen, die uns nicht nach dem Munde reden, sondern uns mit kritischem (wenn auch wohlwollendem) Abstand sehen. Freunde müssen nicht in allen Fragen einer Meinung sein. So angenehm Schmeicheleien sind: ohne Freunde, die uns ab und zu den Kopf zurechtrücken, besteht die Gefahr, dass wir eines Tages den Sinn für die Wirklichkeit verlieren. Wenn ältere Leute wunderlich werden, so liegt das daran, dass sie kaum noch Kontakte zur Außenwelt haben. Sie leben in der Welt ihrer Gedanken und Erinnerungen und bekommen es nicht mehr so richtig mit, wenn die Gesellschaft sich ändert. Pensionäre, die lebensfroh und unternehmungslustig sind, bemühen sich um Freundschaften mit jüngeren Leuten. Sie versuchen zu erfahren, wie die nachfolgende Generation die Welt sieht.

Manchmal behaupten schon Leute mit dreißig oder vierzig: «Ich verstehe die Jugend nicht mehr.» Das heißt, sie beginnen sich alt zu fühlen.

Der Jüngste, den ich diesen Satz habe sagen hören, war ein Jungunternehmer von Mitte zwanzig.

Eigene Kinder – Restfamilie, Freunde, Altersversicherung

Die Mehrheit der Singles um die vierzig fühlt sich noch jung. Manche von ihnen haben aber selbst schon erwachsene Kinder. In den meisten Fällen finden wir eine klare Geschlechterteilung. Die Väter sehen ihre Kinder kaum oder gar nicht, zahlen aber kräftig Alimente. Die Mütter erziehen die Kinder im Alleingang und nehmen dafür erhebliche persönliche Opfer und sozialen Abstieg in Kauf. Ganz so eindeutig ist die Lage aber nicht immer. Unter den über zweieinhalb Millionen Alleinerziehenden in Deutschland finden sich immerhin an die zweihunderttausend Väter.

Nach Angaben des Diakonischen Werks leben 65 Prozent aller Alleinerziehenden an der Armutsgrenze. Obwohl 72 Prozent arbeiten gehen, ist ein Großteil von ihnen, zusätzlich zum Einkommen, sozialhilfeberechtigt. Weder das Gehalt einer Verkäuferin noch die Sozialhilfe allein genügen, um ohne Ehepartner ein oder zwei Kinder großzuziehen. Unsere Gesellschaft ist immer noch an der Familie als Keimzelle des Gemeinwesens orientiert. Aber wer ist heutzutage schon bereit, wegen eines Kindes eine schlechte Ehe aufrechtzuerhalten, vielleicht sogar tägliche Prügel und Demütigungen zu ertragen? So werden die Nachteile in Kauf genommen: Dreifachbelastung von Arbeit, Erziehung und Haushalt, wenig Zeit für das Kind, schlechte Betreuungssituation. Ganztageskindergärten gibt es kaum. Soziale Dienste für Alltäglichkeiten wie Krankheit des Kindes sind Mangelware.

Allein erziehende Väter haben es teils besser, teils schlechter als ihre Kolleginnen. Ein Mann, der neben seinem Job Kinder großzieht, wird geachtet und bemitleidet. Dass er neben seinen Familienpflichten auch Geld verdienen muss, wird fraglos akzeptiert. Allerdings, was nur bei einer Minderheit der Mütter vorkommt, ist bei ihm die Regel: Er bekommt keinen Unterhalt für die Kinder. Ein nicht erziehungsberechtigter, arbeitsloser Vater kann per Gerichtsurteil gezwungen werden, für den Unterhalt seiner Kinder Gelegenheitsjobs anzunehmen. Von einer nicht erziehungsberechtigten Mutter hat das noch niemand verlangt. Sie braucht nur eine neue Ehe einzugehen. Als Hausfrau wird sie von allen Forderungen befreit.

Schwierig wird es, wenn Vater oder Mutter sich einen Freund beziehungsweise eine Freundin zulegen. Eifersuchtsszenen sind vorprogrammiert. Die Heranwachsenden fühlen sich zurückgedrängt und versuchen, den Eindringling hinauszuekeln. Der oder die «Neue» – wenn sich eine langanhaltende Beziehung anbahnt – sollte nicht des Guten zuviel tun. Drängen Sie dem Kind des Partners Ihre Zuneigung nicht auf. Bewahren Sie Haltung bei Konflikten und spielen Sie Machtkämpfe nicht mit. Überlassen Sie – was die Erziehung betrifft – so viel wie möglich dem leiblichen Elternteil. Wo Sie Erziehungsaufgaben übernehmen: Sorgen Sie dafür, dass Ihre Kompetenzen genau geklärt sind und der Partner Sie unterstützt, wenn Sie sie wahrnehmen. Das Wichtigste aber: Erzwingen Sie nichts, überlassen Sie den Annäherungsprozess dem Wirken der Gewohnheit und lassen Sie sich auf keinen Fall in Revierstreitigkeiten ein.

Als Vater oder Mutter mit neuem Partner: Sagen Sie beiden immer wieder, dass der eine als Partner, der andere als Sohn oder Tochter in Ihrem Leben wichtig ist. Versuchen Sie Erziehungsfragen selbst in der Hand zu behalten. Geben Sie nie einem Unrecht und dem anderen Recht, sondern äußern Sie Verständnis für die Schwierigkeiten, die Sie im Umgang miteinander haben. Lassen Sie sich von Ihrem Kind nicht diktieren, wie Sie mit dem Partner umgehen, und vom Partner nicht, wie Sie mit dem Kind umgehen. Unternehmen Sie manches zu dritt, anderes mit dem Kind beziehungsweise mit dem Partner allein. Erwarten Sie keine konfliktlose Annäherung, nur weil Sie beide sich mögen. Überlassen Sie das Übrige der Zeit und verlangen Sie nicht, dass beide eines Tages ein Herz und eine Seele sein werden.

Neben den Problemfällen gibt es jedoch eine Reihe von Singles, die mit der Mehrfachbelastung und den Alltagskonflikten prima zurechtkommen. Das Entscheidende ist, ob die Situation als Handicap oder als Herausforderung gesehen wird. Wenn berufstätige Alleinerziehende in ihrem Job Anerkennung erhalten und Erfolge sehen, wirkt sich das positiv auf den Umgang mit ihrem Kind aus. Es ist schon lange bekannt, dass nicht die Zahl der Stunden, die man mit seinem Kind verbringt, das Entscheidende für eine gesunde Entwicklung ist, sondern die Intensität des Kontaktes.

Das Ende der Familiengesellschaft hat aber noch eine andere Konsequenz. Erwachsene Kinder halten nicht automatisch engen Kontakt mit uns, nur weil wir Vater oder Mutter sind. In meinem nächsten Umkreis kenne ich einige Leute, die sich mit ihren Töchtern und Söhnen heillos zerstritten haben. Wie schwer fällt es doch, zu akzeptieren, dass die Kinder unsere Ansichten ablehnen, genau die Fehler begehen, vor denen wir sie immer gewarnt haben, und wohl gemeinte Ratschläge nicht hören wollen! Kurz, sie halten uns auf Distanz, so wie wir selbst unsere Eltern auf Distanz gehalten haben.

Behandeln wir Kinder nicht wie Untergebene, sondern wie Freunde (siehe vorigen Abschnitt), an deren Wertschätzung uns liegt. Nur dann werden wir an ihnen eine kleine Familie haben. Nur dann werden sie im Alter an unserer Seite stehen. Gewähren wir ihnen Selbstbestimmung, verzichten wir auf Einmischung, aber sagen wir unsere Meinung und wie viel uns an ihnen liegt.

Wenn wir mit unseren Kindern Freundschaft schließen, stehen die Chancen gut für einen dauerhaften, engen Kontakt. Denn viele junge Singles erinnern sich nach dem Scheitern ihrer ersten oder zweiten großen Liebe ihrer Eltern. Wenn wir allein leben und uns Weihnachten die Einsamkeit erschlägt – was liegt näher als ein Besuch zu Hause? Manchmal entwickeln sich von neuem nahe Familienbande. Eine meiner allein stehenden Kolleginnen an der Universität, Ende dreißig und Mutter einer zehnjährigen Tochter, sagte mir:

> «Meine Mutter hat zwar ihre eigene Wohnung, aber meistens ist sie bei uns. Das Zimmer meines Exmannes ist frei, und sie ist vernarrt in ihre Enkelin. Da ich selbst arbeiten gehe ... Ich wüsste nicht, wie ich ohne ihre Hilfe über die Runden kommen sollte.»

Haustiere – die zuverlässigeren Partner

In Deutschland werden knapp fünf Millionen Hunde gehalten. Dazu kommen rund sechs Millionen Katzen, drei Millionen Fische sowie unzählige Vögel, Goldhamster und Meerschweinchen. Spinnen- und Schlangenhalter haben ihre eigenen Klubs. Viele halten privat Pferde, die sie gegen einige hundert Mark monatlicher Miete in Reitställen unterstellen. Selbst Hängebauchschweine, Bären und Raubkatzen finden ihre Liebhaber. Popstar Michael Jackson ist nicht der einzige wohlhabende Single, der sich seinen eigenen Zoo leistet.

Das Umsorgen von Haustieren, in den Siebzigern als spießig verschrien, liegt heute voll im Trend. Mehr noch als Pflanzen tragen sie ein Stück Natur ins Haus – auch wenn bei mancher Hunde- und Katzenrasse von natürlichem, wildem Verhalten nicht mehr viel zu spüren ist. Das Wichtigste aber: Tiere sind den Einzellebenden zuverlässige Sozialpartner. Auf ein Tier ist Verlass. Es packt nicht plötzlich seine Sachen und verschwindet auf Nimmerwiedersehen – vorausgesetzt, sein Besitzer hält Türen und Fenster verschlossen. Gegenüber seinem vierbeinigen Liebling geht man kaum ernsthafte Verpflichtungen ein. Er beschwert sich nicht über gebrochene Versprechen. Sein Verhalten ist im Großen und Ganzen vorhersehbar, er ist «treu» und Herrchen oder Frauchen mit unerschütterlicher Anhänglichkeit zugetan. Manche sind außerdem noch nützlich, zum Beispiel der Hund als bellende Alarmanlage.

Die ungebrochene Neigung zum Haustier zeigt, wie tief in uns das Bedürfnis verwurzelt ist, für jemanden zu sorgen, für irgendein Wesen auf dieser Welt wichtig zu sein. Wenn wir verschwänden und niemand würde es merken – ein unangenehmer Gedanke. Da stört es nicht, dass die Anhänglichkeit des Tieres keine wirkliche Liebe ist, wie wir Menschen sie erhoffen. Für den Hund ist der Besitzer das Leittier. Hauskatzen, die von solitär lebenden Wildformen abstammen, sehen im Menschen nur eine Nahrungs- und Wärmequelle, außerdem gewöhnen sie sich an seinen individuellen Geruch. Schlangen lernen nie, Menschen voneinander zu unterscheiden.

Probleme bekommt nur, wer alle menschlichen Kontakte zu Gunsten seines Haustieres einschlafen lässt. Denn nur Menschen stellen uns im Umgang miteinander vor tatsächliche Herausforderungen. Nur durch sie erfahren wir, wie unser Charakter und unser Verhalten auf andere wirkt. Für einen Hund ist sein Besitzer ein Gott, egal, ob er im sonstigen Leben ein schüchternes Mauerblümchen, ein versoffener Hallodri oder ein kaltblütiger Raubmörder ist. Wer meint, Freunde oder Liebesbeziehungen nicht mehr nötig zu haben, weil Hasso ihn bei jeder Heimkehr freudig bellend begrüßt, geht ein gewaltiges Risiko ein. Wer seinen mitmenschlichen Umgang auf ein Minimum reduziert, verliert nach einigen Jahren die Fähigkeit, sich in andere Menschen einzufühlen. Es verschwindet die intuitive Fähigkeit, angemessen zu reagieren, zu erspüren, was in dem anderen vorgeht und mit welchen Verhaltensweisen man Erfolg haben könnte. Wenn dann das geliebte Haustier stirbt, bricht eine Welt zusammen. Die lange verdrängte Einsamkeit schlägt mit doppelter Kraft zurück. Firmen, die Tiere lebensecht ausstopfen oder pompöse Hundebegräbnisse veranstalten, finden hier ihre Klienten.

Sollten Sie sich eines Tages in einen Mann oder eine Frau mit einem innigen Verhältnis zu einem Haustier verlieben, kann dieses Problem auch Ihr Problem werden. Es muss nicht bis zu dem Extrem gehen, dass der Dobermann in der Besucherritze schläft und gefährlich knurrt, wenn Sie sich Herrchen oder Frauchen nähern. Der schon im zweiten Kapitel zitierte Student erzählte:

> «Nach der Trennung von Birgit habe ich es mit einer früheren Schulfreundin versucht. Sie hatte sich inzwischen einen Dackel zugelegt. Sie hat ihren gesamten Tagesablauf nach dem Tier ausgerichtet. Zum Beispiel musste es unbedingt abends um zehn Gassi geführt werden. Endete mal ein Theaterstück eine halbe Stunde später, ging sie nicht mit.»

Und eine Studentin:

> «Ich habe selbst eine Katze. Aber der Typ bestand darauf, dass sein fetter Kater mit im Zimmer schlafen musste. Als ich den einmal nachts von der Bettdecke stieß – das Theater hättest du hören sollen! ‹Gefühllos› war noch das Harmloseste, was er mir an den Kopf warf.»

Haustier und Flirten müssen kein Gegensatz sein. Nichts ist leichter, als mit Hundebesitzern ins Gespräch zu kommen. Ein Kompliment über das schöne Tier und eine Frage nach seinem Alter – schon ist der Kontakt geknüpft. Wenn Sie jetzt noch Ihre Tierliebe durchblicken lassen, kann das der Anfang einer wunderbaren Freundschaft sein. Sprechen Sie mit Ihrem/r Zukünftigen über das Tier. Wenn Sie allerdings zu hören bekommen, dass nur Hunde (Katzen, Vögel) treu, zuverlässig und liebevoll seien, Menschen aber egoistisch und hartherzig – sagen Sie schnell Lebewohl! Oder wollen Sie im Ernst den Beweis antreten, dass Sie das bessere Haustier sind?

Der Beruf – Geldquelle und Lebenssinn

Warum fühlen sich viele Singles nicht einsam? Sie sind mit ihrem Beruf verheiratet. Die einen haben sich nach gescheiterten Beziehungen in die Arbeit gestürzt. Ihr Fleiß und ihre wachsende Kompetenz brachte ihnen Anerkennung ein. Erfolg motiviert. Was als vorübergehende Ablenkung von privaten Sorgen gedacht war, wurde bald zur dauerhaften Grundlage des neu erwachten Selbstbewusstseins.

Die anderen haben von vornherein ihre Lebensplanung auf Karriere und Geldverdienen ausgerichtet. Private Beziehungen dürfen die berufliche Mobilität nicht gefährden. Unter ihnen sind überdurchschnittlich viele junge Singles, davon nicht wenige Frauen.

Wem der Beruf alle Selbstbestätigung und Kreativität liefert, die er braucht, hat es kaum nötig, über den Sinn seines Lebens, Privatleben und Glück nachzudenken. Allerdings habe ich für sie eine schlechte Nachricht: Die Einzigen, deren Dasein bis zum Schluss ein ununterbrochener Aufstieg auf der Karriereleiter darstellt, sind jene Stressopfer, die vor der Pensionierung von einem plötzlichen Herzinfarkt dahingerafft werden. Die Übrigen werden eines Tages von ihrem Beruf und ihren Kollegen Abschied nehmen, denn

- mit dem Alter steigt das Risiko dauerhafter Arbeitslosigkeit;
- spätestens mit der Pensionierung ist das Ende der Karriereleiter erreicht;
- Selbstständige müssen irgendwann aus gesundheitlichen Gründen kürzer treten.

Wer diesen Zeitpunkt unvorbereitet an sich herankommen lässt, muss mit dem «Ruhestands-Syndrom» rechnen. Von einem Tag zum andern wird man nicht mehr gebraucht. Was man nie für möglich gehalten hätte, tritt ein: Der Betrieb, die Abteilung, das Büro läuft ohne einen weiter. Man sitzt den ganzen Tag zu Hause und hat nichts zu tun. Es gibt keine Ziele mehr zu erreichen. Niemand verlangt mehr nach unserer Kompetenz. Hinzu kommen finanzielle Einbußen. Renten, Pensionen und Arbeitslosengeld fallen geringer aus als das letzte Gehalt. Ausgerechnet jetzt, wo man endlich Zeit hat, das mühsam verdiente Geld auszugeben, muss man sich einschränken. Das trifft Singles, deren Lebensweise teuer ist, besonders hart. Wie soll man jetzt die große, leere Wohnung und die Teilnahme am Kulturleben finanzieren?

Bei allein verdienenden Familienvätern fängt die Ehefrau den Schock auf. Das geht auch nicht ohne Probleme ab, aber sie kümmert sich darum, dass Vater nicht völlig aus der Bahn gerät. Aber wer hilft Singles – egal, ob männlich oder weiblich –, sich mit ihrem lebenslänglichen Resturlaub anzufreunden? Ihr Dasein neu zu organisieren?

Dass sich junge Singles voll auf ihre Karriere konzentrieren, ist – zumindest für einige Jahre – normal und eine sinnvolle Vorsorge für die Zukunft. Schließlich wird der Arbeitsmarkt hart umkämpft. Wer sich in seinem Beruf etablieren will, muss Erfahrungen sammeln, seine Tüchtigkeit unter Beweis stellen und eine Reihe von Qualifizierungsschritten – von Abendkursen bis zu Auslandsaufenthalten – durchlaufen. Wer jedoch mit Mitte vierzig immer noch sechzig Stunden im Büro und am Schreibtisch verbringt, sollte die Notbremse ziehen. (Einzige Ausnahme: Sie starten nach Arbeitslosigkeit, Hausfrauendasein oder Berufswechsel eine zweite Karriere.)

Nichts gegen einige Wochen intensiven Schaffens, wenn Ihnen der Job Spaß macht und Sie danach Muße zum Ausspannen haben. Dauert das intensive Schaffen dagegen schon ein oder mehrere Jahre, sollten Sie sich ernsthaft fragen, ob Sie vielleicht an der Schwelle zur Arbeitssucht stehen.

Arbeitssucht

Betroffen sind vor allem Männer und Frauen in Karriereberufen («workaholics»), aber auch zwanghafte Hausfrauen und leistungssüchtige Kinder («Streber»). Das Schaffen und Tätigsein wird zum dominierenden Lebensinhalt. Selbst in der karg bemessenen Freizeit kreisen ihre Gedanken ständig um die Arbeit. Sie sind unfähig, sich zu entspannen; sogar Urlaub und Muße müssen «nützlich» organisiert werden. Anfangs verschafft ihnen die Arbeit Selbstbestätigung; später lässt ihre Leistungsfähigkeit infolge von Stress, Hektik und gesundheitlichen Problemen nach, was sie mit noch mehr Arbeit zu kompensieren versuchen. Viele werden arbeitsunfähig, sobald sie ihre Leistungsreserven verbraucht haben («Burn-out», s. Kapitel zwei). Die Betroffenen haben ein hohes Risiko, vor dem 60. Lebensjahr an Infarkten oder Gehirnschlag zu sterben. Workaholics geraten bald in soziale Isolation: sie sind unfähig zur Teamarbeit und privater Partnerschaft.

Arbeitssüchtige zeigen alle typischen Suchtfaktoren: Sie verleugnen ihre Abhängigkeit, arbeiten manchmal heimlich (zum Beispiel, indem sie «unaufschiebbare» Verpflichtungen vorschieben) und richten ihre gesamte Lebensplanung auf die Arbeit aus. Sie erfinden Gründe, warum sie so viel arbeiten müssen. Die meisten kommen leider erst nach schweren Krankheiten oder einer Scheidung zur Besinnung.

Alarmzeichen sind (außer Überarbeitung) der Glaube, unentbehrlich zu sein, sowie das Gefühl, von den Arbeitsaufgaben zu rastloser Tätigkeit getrieben zu werden. Am Anfang muss das Nachdenken über die eigene Lebensführung stehen. Macht die Arbeit noch Spaß? Arbeiten Sie vielleicht, um privatem Unglück auszuweichen? Brauchen Sie die Arbeit, um sich wichtig zu fühlen?

Zwingen Sie sich, einige Wochen völlig auszusteigen. Gönnen Sie sich längere Freizeitaktivitäten, die nicht durchgeplant werden. Bei schweren Fällen sollte der Betroffene seine Arbeit stark einschränken oder (wenn möglich) ganz aufgeben, eventuell den Wohnort und die Arbeitsstelle wechseln und sich psychotherapeutisch beraten lassen.

Es gibt nur eine Lösung. Rechtzeitig nach anderen Lebensinhalten suchen! Insbesondere Hobbys, die nicht nur die Langeweile verdecken, sondern wirklich Spaß machen. Außerdem sollten Sie Kontakte und Freundschaften aufrechterhalten, auch mal die Arbeit liegen lassen, um für Ihre Freunde da zu sein. Die

Umstellung auf ein Freizeitleben wird Ihnen leichter fallen, wenn Sie lebenslang Ihre Neugier und Ihr Interesse für Unerprobtes, Risikobehaftetes pflegen.

Sollte Sie dennoch Arbeitslosigkeit oder Frühpensionierung unvorbereitet treffen – nicht dem Selbstmitleid nachgeben! Begegnen Sie dem großen Frust mit einem Alternativprogramm:

- Einen geregelten Tagesablauf festlegen. Feste Zeiten für Einkäufe, Spaziergänge, Mahlzeiten und Besuche bringen eine ähnliche Stabilität ins Leben, wie es früher der Arbeitsablauf tat.
- Kontakte pflegen und ausbauen. Holen Sie längst fällige Besuche bei Verwandten und Freunden nach.
- Besuchen Sie kostenlose oder preiswerte Veranstaltungen (Ausstellungen, Märkte, Konzerte, staatliche Museen).
- Treiben Sie Sport, um körperlich fit zu bleiben und seelischen Druck abzureagieren.
- Nutzen Sie Volkshochschulen und andere Weiterbildungsmaßnahmen, um geistig auf der Höhe zu bleiben. Wählen Sie bewusst Themen, die nicht in direkter Beziehung zu Ihrem Beruf stehen, sondern Ihre Allgemeinbildung vertiefen und Interesse an Neuem wecken.
- Suchen Sie sich neue Aufgaben. Wie wäre es mit handwerklicher Nachbarschaftshilfe, Kinderbetreuen oder einem gemeinnützigen ehrenamtlichen Engagement?

Computerkommunikation – Kontakte ohne Verpflichtungen

Gäbe es das Internet nicht schon: die Computerfreaks unter den Singles würden es sofort erfinden. Denn was kann bequemer und zugleich aufregender sein, als von der vertrauten Wohnung aus mit der ganzen Welt in Kontakt zu treten? Partner können per Mausklick gefunden und genauso leicht wieder verlassen werden.

Wer die Probe aufs Exempel macht und mit einem modernen Computer den Schritt ins weltgrößte Computernetz wagt, wird allerdings schnell ernüchtert. Das Netz ist hoffnungslos überlastet und verworren, manch interessante Information findet man höchstens per Zufall, und ein Großteil der anfallenden Telefongebühren werden von quälend langen Ladevorgängen aufgefressen. Nicht zu vergessen, dass die übergroße Mehrheit der Menschen am Datenfernverkehr noch gar nicht teilnimmt. Angeblich surfen weltweit achtzig Millionen im Internet. Bei uns sind es gerade mal fünf Prozent der Bevölkerung (Stand Herbst 1997). Davon sind noch die E-Mail-Nutzer großer Firmen und Hochschulen abzuziehen. (E-Mail ist die Abkürzung für Electronic Mail, zu deutsch: elektronische Post. Briefe werden über das Netz in elektronischen Briefkästen abgelegt, wo sie von Zugangsberechtigten abgerufen und gelesen werden können.)

Es bleiben rund hunderttausend aktive private Internet-Nutzer, die regelmäßig am Datenfernverkehr teilnehmen. Wer also Kontakte über das Netz sucht, bewegt sich in einem ausgesuchten Kreis von Fans. Frauen haben, wenn sie den Partner fürs Leben suchen, auf diesem Weg deutlich bessere Chancen als Männer. Denn sie machen weniger als zwanzig Prozent der Nutzer aus, haben also die größere Auswahl. Wenn Männer ein tolles Kontaktangebot finden, vielleicht sogar begleitet von dem Foto einer kurvenreichen Blondine, so müssen sie damit rechnen, dass sie auf den Scherz eines anderen Mannes hereingefallen sind, der ein Foto aus einem Hochglanzmagazin mit einem Text gekoppelt hat, der nur seine eigenen Wunschträume widerspiegelt.

Dennoch: Das Internet verdoppelt seinen Umfang mit jedem Jahr, die Zahl der Netzsurfer wächst täglich, und die wachsende Zahl der Möglichkeiten – vom Einkaufen über Bankgeschäfte bis zum Recherchieren in den weltgrößten Bibliotheken – wird dafür sorgen, dass das Internet einmal so selbstverständlich sein wird wie heute das Telefon. Einige Tipps, für den Fall, dass Sie demnächst ins Internet einsteigen möchten:

1. Sie benötigen einen leistungsstarken Computer und ein Modem mit einer Geschwindigkeit von mindestens 28 800 Bits pro Sekunde (bps), das Rechner und Telefonanschluss verbindet. Statt des Modems können Sie auch einen ISDN-Anschluss installieren lassen. Die Gebühren sind deutlich teurer als bei Telefon plus Modem, dafür werden die Daten wesentlich schneller übertragen. Bei älteren Computern und Modems mit geringerer Geschwindigkeit verlängern sich die Übertragungszeiten deutlich, was sich in der Höhe der Gebühren bemerkbar machen wird.
2. Um ins Internet zu gelangen, benötigen Sie eine Zugangssoftware sowie den Anschluss an ein lokales Netz. Beides erhalten Sie von so genannten Online-Diensten. Die bekanntesten heißen America Online (AOL), CompuServe, Internet Services, Microsoft Network, T-Online und Metronet. Die Dienste berechnen in der Regel eine Grundgebühr zwischen 7 und 35 Mark im Monat. Darin sind meist einige Freistunden enthalten. Manche (Internet Services, Metronet) bieten sogar eine unbegrenzte Stundenzahl an. Bei den Übrigen wird nach Überschreiten der Freistunden eine Gebühr für jede weitere angefangene Stunde fällig. Außerdem fallen noch Telefon- beziehungsweise ISDN-Ge-

bühren an. Wenn Sie in einer Großstadt wohnen, surfen Sie zum Ortstarif. Von Dörfern oder Kleinstädten aus müssen Sie mit Ferngebühren bis zur nächsten größeren Stadt rechnen. Überlegen Sie also im Voraus, wie viele Stunden Sie auf lange Sicht pro Monat im Netz verbringen werden. Dann lassen Sie sich von einem Computerhändler oder erfahrenen Freunden beraten, was für Sie das günstigste Angebot ist.

3. Wenn Sie schon mal mit Windows gearbeitet haben und über einige englische Sprachkenntnisse verfügen, werden Sie keine Schwierigkeiten haben, sich im Internet zurechtzufinden. Falls Sie sich unsicher fühlen, legen Sie ein Buch für Einsteiger neben den Computer, das Ihnen die ersten Schritte erklärt (zum Beispiel: «Quick & Easy: World Wide Web» von Thomas Franke, Sybex Verlag). Ansonsten gilt «learning by doing». Wenn Sie zum Beispiel über T-Online ins Internet wechseln, gelangen Sie über eine Startseite – die so genannte Homepage – zum Internet-Surfbrett. Das ist eine Auswahl von über hundert Internet-Adressen zu verschiedenen Themenbereichen. Weitere Themen sind als «Links» eingebunden. Das sind im Text unterstrichene oder farbig hervorgehobene Wörter, die mit einer zugehörigen Internet-Adresse verbunden sind. Ein Mausklick auf das Link genügt, und die entsprechende Seite wird aufgerufen.

Gönnen Sie sich als Anfänger einige Stunden, um mit dieser Hilfestellung auf Entdeckungsreise zu gehen. Sie werden rasch erkennen, wie das Internet aufgebaut ist. Verweilen Sie dort, wo Sie etwas Interessantes finden, und wählen Sie dann per Maustaste neue Überraschungen an. Wenn Sie später anfangen, gezielt Informationen zu suchen, werden Sie merken, dass das Internet eher einem Irrgarten als einer wohl geordneten Bibliothek ähnelt. Eine Reihe von Suchwerkzeugen hilft Ihnen. Unter Adressen wie Lycos, Webcrawler, Alta Vista oder Yahoo finden Sie Seiten mit Suchfunktionen, die auf die Inhalte des Netzes zugreifen und Ihnen eine Liste von Internet-Adressen zu den vorgegebenen Stichwörtern vorlegen. Im Zweifelsfall probieren Sie mehrere Suchwerkzeuge aus. Oft ist es möglich, mehrere Stichwörter miteinander zu verknüpfen, um dadurch den Suchbereich einzugrenzen. Dennoch werden Sie meist einige Dutzend bis mehrere hundert Adressen angeboten bekommen, die Sie alle überprüfen müssen. Manche von ihnen enthalten aber Übersichtsseiten, sodass Sie schnell wissen, ob es lohnt, den gesamten Text aufzurufen, oder Sie gleich zur nächsten Adresse weitergehen können.

Neben Firmenangeboten und wissenschaftlichen Informationen bietet das Netz auch private Kleinanzeigen und Kontaktangebote. Auch Sie können sich locker und kreativ auf einer privaten Homepage präsentieren, die Sie selbst entwerfen. Um Ihre persönliche Visitenkarte ins Internet zu schicken, laden Sie zunächst wieder die Software Ihres Online-Dienstes und folgen einfach den Schritten, die die Software Ihnen vorschlägt, also Grafiken zeichnen, E-Mail-Feld einrichten und so weiter. Wollen Sie sich mit eigenem Foto vorstellen, müssen Sie es erst einscannen, das heißt digital einlesen und abspeichern. Einige Fotolabors und Copy-Shops sowie spezielle Scann-Studios (Adressen in den Gelben Seiten) bieten diesen Service an. Wenn Sie Ihre PC-Visitenkarte fertig haben, schicken Sie sie über Computer und Modem oder ISDN an Ihren Online-Dienst, der die Internet-Adresse zuteilt. Abhängig vom gewählten Online-Dienst können dafür geringe Gebühren anfallen. Der Inhalt kann jederzeit geändert werden.

Die Visitenkarte bietet viele Möglichkeiten. Sie haben die Chance, Links einzubauen und damit eine Verknüpfung zu anderen Seiten herzustellen. Sie können über Ihre Hobbys und über Ihre nächste Party informieren. Jeder Surfer, der sich Ihre Visitenkarte anschaut, wird gezählt. Sie können Ihre Visitenkarte mit Videoaufnahmen, eigenen Computerspielen oder Umfragen anreichern. Allerdings verlängert sich dadurch für Internet-Besucher die Ladezeit. Das ist teuer und könnte Interessenten verärgern. Versäumen Sie nicht, sich Visitenkarten anderer Leute anzuschauen. Was finden Sie witzig und originell?

Wen würden Sie gern kennen lernen? Sie können daraus eine Menge für Ihre eigene Selbstpräsentation lernen.

Das Internet bietet die Chance, einmal ganz andere Kommunikationspartner zu finden, als sie der eigene Freundeskreis bietet. Dadurch erschließen sich Ihnen neue Erfahrungsbereiche, an die Sie früher nie gedacht hätten. Die beste Gelegenheit, aus Routinen auszubrechen, dem Leben einen neuen Kick zu verleihen. Wenn Sie auf diesem Wege interessante Leute kennen lernen – bedenken Sie, dass der Bildschirm auf Dauer Freunde «zum Anfassen» nicht ersetzen wird, die Ihnen in Notfällen beistehen, Konflikte riskieren und im Alltag beweisen, ob hinter ihren Worten Taten stehen oder alles nur ein Spiel ist.

Hobbys – Selbstverwirklichung oder Kampf gegen Langeweile?

Da Sie dieses Buch lesen, vermute ich, Sie gehören nicht zu der Mehrheit von Leuten, die keine anderen Hobbys als Beruf, Fernsehen und Schlafen haben. Machen Sie mal eine Umfrage in Ihrem Kollegen- und weiteren Bekanntenkreis: Sie werden feststellen, wie viele Leute kein Steckenpferd haben, das sie begeistert, für das sie sich aufopfern, worüber sie mehr wissen als jeder andere in ihrer Umgebung.

Wird ein bestimmtes Hobby zur Manie, der man alles Geld und die gesamte Freizeit opfert, bildet sich eine ähnliche Besessenheit wie bei Arbeitssüchtigen. Ideal für Singles sind mehrere möglichst verschiedenartige Steckenpferde. Die Psychologen haben nachgewiesen, dass sie Antriebskräfte, Kreativität und innere Harmonie fördern. Sie sind für Alleinlebende die beste Versicherung gegen Langeweile, Leere und vorzeitiges Altern. Sportliches, Kreatives, Musisches, intellektuell Herausforderndes – von allem sollte etwas dabei sein. Die richtige Mischung macht's. Ein Hobby sollte folgende Anforderungen erfüllen:

- Es soll Anstrengungen erfordern, die Sie mit einiger Mühe und Konzentration bewältigen können. Erfolgserlebnisse infolge echter Leistung motivieren.
- Es soll ein Ergebnis bringen – entweder in Gestalt eines von eigner Hand erzeugten Produkts oder verbesserter körperlicher oder geistiger Kondition.
- Ideal sind Hobbys, denen Sie allein, aber auch in Gemeinschaft mit Gleichgesinnten nachgehen können.
- Es darf nicht zu viel kosten, damit Sie nicht eines Tages aus finanziellen Gründen darauf verzichten müssen.

- Es soll unerschöpflich bleiben, also nicht wie ein Computerspiel eines Tages ausgereizt sein, sondern ständig neue Möglichkeiten eröffnen.

Immerhin ein Drittel aller Deutschen fühlt sich unwohl, wenn nach Feierabend nichts mehr passiert. Wenn Sie nicht wissen, was Ihnen Spaß machen könnte – probieren Sie einfach Verschiedenes aus. Hier ein paar Empfehlungen für Hobbys, mit denen Sie Sinnvolles tun und die nachweisbar entspannen sowie körperlich und geistig aufbauen.

Körperliche Fitness fördern:

Wandern. Baut Stress ab. Die Stille der Natur dient auch der geistigen Erholung. Schon dreimal pro Woche eine halbe Stunde verbessert das Wohlbefinden, Reaktions- und Gedächtnisleistungen. Anschriften von Wandervereinen stehen im Telefonbuch.

Tanzen. Fördert die Beweglichkeit und erlaubt, Gefühle über den Körper auszudrücken. Verbessert außerdem die Selbstsicherheit. Wenn Sie keinen Partner haben: Gehen Sie zu Single-Tanzabenden, oder schreiben Sie sich an Volkshochschulen oder Tanzschulen zu Kursen über Jazztanz, Flamenco oder Tango ein.

Tai Chi. Eine altchinesische Gymnastik in Zeitlupentempo. Verbindet sanfte, fließende Bewegungen mit einer speziellen Atemtechnik. Es baut Ärger, Stress und sogar Kreislaufstörungen ab. Krankenkassen und Volkshochschulen bieten Kurse an.

Selbstverteidigung. Erlernbar als Karate, Judo und in vielen exotischen Varianten. Steigert das Reaktionsvermögen, schult die Bewegung und fördert selbstsicheres Auftreten. Die Selbstbeherrschung wächst – körperlich wie seelisch. Gefährliche Situationen werden besser gemeistert. Sie lässt sich am besten in der Gruppe erlernen. Beim autodidaktischen Training nach Büchern benötigen Sie mindestens einen interessierten Partner. Vorsicht vor Verletzungen!

Fitnessstudios. Bieten die Möglichkeit eines optimalen Kraft- und Bewegungstrainings, das auf Ihre Bedürfnisse zugeschnitten ist. Außerdem besteht viel Gelegenheit zu Kontakten mit Gleichgesinnten. Fitnesstraining erhöht die körperliche Leistungsfähigkeit beträchtlich und fördert die seelische Ausgeglichenheit – vorausgesetzt, Sie gehen mehrmals pro Woche hin und scheuen nicht die Kosten für eine Jahreskarte von bis zu tausend Mark.

Ausdauertraining. Ob Jogging, Schwimmen, Radfahren, Walking – jede Art von zyklischer Bewegung, die uns ins Schwitzen bringt, stärkt Herz, Kreislauf und Immunsystem. Eine Vielzahl von Krankheitsrisiken wird reduziert und die körperliche und geistige Leistungsfähigkeit gesteigert. Sie können allein losziehen oder sich mit Gleichgesinnten treffen. Adressen und Ansprechpartner für örtliche Lauftreffs nennt Ihnen der Deutsche Leichtathletik-Verband, Abteilung Breitensport, Julius-Reiber-Str. 19, D-64293 Darmstadt.

Geistige Fitness fördern:

Rate- und Knobelspiele. Die Computerindustrie hat das Spieleangebot auf diesem Sektor vertausendfacht. Ihr Vorteil: Der Single kann sie allein spielen. Traditionelle Spiele zum Anfassen, die man zu dritt oder viert im Freundeskreis spielt, sorgen außerdem für gute Laune und fördern das gegenseitige Kennenlernen – vorausgesetzt, man kämpft nicht in erster Linie um Platz und Sieg.

Schach. Fördert Gedächtnis, Konzentration, Geduld und taktisches Überlegen. Es lässt sich am Computer systematisch trainieren. Gute Schachprogramme bieten die Möglichkeit,

Eröffnungen zu erlernen. Wenn Sie mit einem Freund oder einer Freundin spielen: Kämpfen Sie nicht nur um Matt oder Remis, sondern tauschen Sie auch taktische Überlegungen aus oder üben Sie Endspiele. Versuchen Sie beispielsweise den König des andern mit König, Springer und Läufer matt zu setzen. Schwierig, aber möglich.

Eine **Fremdsprache** lernen. Das ist nicht nur eine glänzende Vorbereitung auf den nächsten Urlaub, sondern trainiert zusätzlich Gedächtnis und logisches Denken. Höheres Alter ist kein Lernhindernis. Wichtig ist nur, dass Sie das Gelernte in nicht zu großen Abständen wiederholen und jede Gelegenheit nutzen, Ihre Kenntnisse praktisch zu erproben. Volkshochschulen bieten Kurse an, aber auch autodidaktisches Lernen mit Lehrbuch und Tonkassetten (sehr effektiv, verlangt aber eiserne Lerndisziplin) liefert gute Erfolge.

Ein **Instrument spielen**. Klavier spielen, so wurde kürzlich nachgewiesen, hält das Gedächtnis alter Leute in Schwung. Da man zwei Hände und Notenlesen miteinander in Übereinstimmung bringen muss, verbessert sich die Bewegungskoordination. Es erlaubt außerdem, Gefühle auszudrücken, die sich schwer über Worte mitteilen lassen. Es lohnt sich auch noch jenseits der vierzig, ein Instrument von der Pike auf zu lernen. Moderne Keyboards mit dynamischem Anschlag (um tausend Mark) erlauben auch das klassische Klavierspiel und haben den Vorteil, dass sich ein Kopfhörer anschließen lässt, sodass die Nachbarn von ihren Anfängermühen nichts mitbekommen.

Singen. Über siebzehntausend Chöre gibt es in Deutschland. Gemeinsames Singen erhebt den Einzelnen über die Niederungen des Alltags. Es setzt durch Harmonie innere Selbstheilung in Gang. Sie müssen keine Callas, kein Pavarotti sein, um aus der Stimmschulung im Chor Nutzen zu ziehen.

Die **Kreativität** fördern:

Malen. Es hellt die Stimmung auf und schafft Abstand zu seelischen Problemen. Es ist außerdem eine Möglichkeit, Gefühle auszudrücken. Grundlegende Maltechniken des Körper- und Landschaftszeichnens kann jeder lernen. Anleitungen gibt es in Büchern und an Volkshochschulen. Ein moderner Trend ist die Seidenmalerei. Das schmeichelnde Material soll uns in eine sinnliche, entrückte Stimmung versetzen.

Töpfern und **Schnitzarbeiten.** Mit den Händen etwas Eigenes zu gestalten, Formen zu erspüren und umzusetzen, das baut die Seele auf. Viele Bastlerläden, Töpferstuben und Volkshochschulen bieten Kurse an.

Stricken und **Sticken.** Bauen nachweislich Stress ab und beruhigen. Man atmet ruhiger, entspannt sich und verarbeitet beunruhigende Gedanken. Das Realisieren eigener Muster fördert außerdem die Konzentration. Anleitungen und Ideen finden Sie in Zeitschriften und Büchern.

Ikebana. Jahrtausendealte japanische Kunst des Blumenarrangements. Bringt innere Ruhe und fördert die Meditation. Zu erlernen an Ikebana-Schulen (Anschriften im Telefonbuch) und Volkshochschulen.

Kalligraphie. Die Kunst der Schönschrift schafft ein Gegengewicht zur computergestützten Bildschirmgraphik. Jede Schrift hat ihren eigenen Rhythmus. Sie trainieren Ruhe, Konzentration, Genauigkeit und Selbstbeherrschung. Mit selbst gestalteten Briefen und Einladungen werden Sie viel Aufmerksamkeit erregen (Anleitung in: «Kompaktkurs Kalligraphie» von Herbert Becker, Verlag Christopherus). Sie können sich noch steigern, indem Sie zusätzlich Ihr eigenes Papier schöpfen. Auch diese altchinesische Handwerkstechnik lässt sich an Volkshochschulen oder aus Büchern lernen.

Outfit und Fitness – die hohe Kunst der Selbstdarstellung

Wer keine Familie hat, kann seine gesamte Freizeit der wichtigsten Person in seinem Leben widmen – sich selbst. Eine meiner Bekannten, 34 Jahre alt, seit drei Jahren geschieden, erzählte:

> «Wenn ich abends halb sechs nach Haus komme, lasse ich mir als Erstes ein Bad mit viel Schaum ein, und da bleibe ich dann drin liegen, bis das Wasser so kalt ist, dass es absolut nicht mehr auszuhalten ist. Und dann geht es weiter: eincremen, Make-up, manchmal eine Gesichtsmaske. Du hältst das wahrscheinlich für beknackt, weil ich sowieso nicht mehr rausgehe. Aber ohne das würde ich mich einfach nicht wohl fühlen. Bis ich endlich mein Abendessen mache, kann es acht oder halb neun werden.»

Mode, Kosmetik und Freizeitsport haben seit Anfang der achtziger Jahre einen unerwarteten Aufschwung genommen. Als in den sechziger und frühen siebziger Jahren die «Trimm dich»-Bewegung den Freizeitsport in Deutschland populär machte, ging es allein um den gesundheitlichen Wert körperlicher Betätigung. Wer heute an Fitnessgeräten schwitzt, denkt eher an sein Aussehen. Die Fitnessstudios in Deutschland haben bereits dreieinhalb Millionen Klienten. Selbstdarstellung ist ein zentraler Lebensinhalt geworden. Kein Wunder. In einer Welt von Einzelgängern sind gewaltige Hürden des Misstrauens und der Angst zu überwinden, um die inneren Werte anderer wahrzunehmen. Wer bemerkt werden will, muss sich deshalb auf die Wirkung seiner persönlichen Ausstrahlung verlassen (siehe dazu die Übersicht am Ende des Kapitels).

Der erste Eindruck entsteht in zehn Sekunden und stellt die Weichen für die Einschätzung des anderen. Er ist zu 90 Prozent von Gefühlen bestimmt und äußert sich in so vagen Begriffen wie «sympathisch/unsympathisch» oder «vertrauenswürdig/ich trau ihm (ihr) nicht über den Weg».

Wer in einer festen Beziehung lebt, unterliegt leicht der Versuchung, sich auf die einmal eroberte Sympathie zu verlassen. Aus gepflegten jungen Mädchen werden Mütter, die sich ungeniert in Schürze und Lockenwicklern präsentieren, aus höflichen und galanten Casanovas entwickeln sich träge, bierbäuchige Väter in Unterhemd und Trainingshose. Singles können sich solche Nachlässigkeit nicht leisten. Ob Privatleben oder Beruf: sie müssen ständig auf dem Sprung sein, sich vorteilhaft zu verkaufen. Da sie keine andere Sicherheit haben als die Wirkung ihrer Persönlichkeit, arbeiten sie beinahe ununterbrochen an ihrem äußeren Erscheinungsbild.

Das äußere Erscheinungsbild – das Outfit – soll folgenden Anforderungen genügen:

- der Betrachter soll auf den ersten Blick einen bestimmten Persönlichkeitstyp erkennen – man zeigt nicht unbedingt, wie man ist, sondern wie man wahrgenommen werden möchte;
- zusätzlich will man einmalig und unverwechselbar erscheinen, damit andere sich auch nach Tagen noch an einen erinnern;
- Mängel des eigenen Körpers und Auftretens sind zu überdecken: Plateausohlen täuschen Körperhöhe, Solarienbesuche Gesundheit vor, wallende Kleider verbergen das Übergewicht, Hautunreinheiten werden überschminkt;
- die Wahl bekannter Kleider- und Jeansmarken soll den Status eines Kenners oder die Zugehörigkeit zu einer Szene unterstreichen;
- der Träger des Outfits will elegant, sportlich, originell, unkonventionell, spontan, selbstsicher, schlagfertig und cool wirken.

Es sind nicht mehr Armut und Hunger, was wir zu fürchten haben. Die Sünden der Verlierer heißen heute Unauffälligkeit, Langweiligkeit, Verklemmtheit und Angepasstsein. Mit einem schrillen Kleidungsstil allein ist das nicht zu ändern. Sportlich-jugendliches Aussehen ist keine Garantie für innere Zufriedenheit oder überzeugendes Auftreten. Viele Singles legen deshalb Wert auf ein bewusstes Geistesleben. Sie beschäftigen sich stärker als jede frühere Generation mit Fragen des Lebenssinns und der Psychologie. Der Spruch «Erkenne dich selbst» – er soll einst am Tempel des Orakels von Delphi gestanden haben – war noch nie so modern wie heute. Singles sind viel mit sich allein; das Bedürfnis, sich genau zu kennen, ist daher verständlich.

Bei älter werdenden Singles verlagert sich der Schwerpunkt der Interessen. Spätestens mit sechzig verzichten sie, wie schon erwähnt, auf Versuche, weiterhin Jugendlichkeit vorzutäuschen. Dafür gewinnen Fragen der Gesundheit an Gewicht. Und auf seelischem Gebiet? Mit Ende vierzig haben sich die meisten mit ihrem Charakter angefreundet. Man akzeptiert sich im Großen und Ganzen so, wie man ist. Endlich werden den Eltern die letzten Erziehungsfehler verziehen. Träume, das eigene Leben noch einmal neu zu beginnen, verlieren sich. Dafür gewinnen philosophische Fragen an Gewicht. Wenn die eigenen Eltern oder gar ein Bekannter aus der eigenen Generation stirbt, beginnen viele, ernsthaft über die eigene Endlichkeit nachzudenken. Das Bemühen wächst, sein Leben bewusst zu gestalten.

Persönliche Ausstrahlung («Charisma») – das Feuer, das von innen strahlt Nach den Erkenntnissen der Psychologen lässt sich eine positive Ausstrahlung über folgende Faktoren erreichen:

1. Positiv denken. Richten Sie Ihre Gedanken nicht auf Gefahren und Risiken, die Sie vermeiden, sondern auf die positiven Ziele, die Sie erreichen möchten. Jedes Mal, wenn Sie merken, dass Ihre innere Stimme einen negativen Gedanken formuliert («Ich bin zu dick.» – «Mit mir will sich keiner unterhalten.»), formen Sie ihn in einen positiven Satz um («Ich bin kräftig und schon lange nicht mehr krank gewesen.» – «Ich kann sehr gut zuhören und interessierte Fragen stellen.»)

2. Im Hier und Jetzt leben. Grübeln Sie häufig darüber nach, was Sie in der Vergangenheit hätten anders machen sollen? Denken Sie oft voll Unsicherheit an die Zukunft? Brechen Sie diese Gedankengänge ab! Die Vergangenheit ist unwiderruflich vorbei. Was die Zukunft bringt, wissen Sie erst, wenn sie da ist. Verbauen Sie sich nicht den Genuss an der Gegenwart! Bemühen Sie sich, an den kleinen Dingen des Alltags Freude zu finden: einem freundlichen Lächeln, netten Worten oder einem überraschenden Anruf. Ein bewährtes Rezept: Denken Sie jeden Morgen nach dem Aufwachen an drei Dinge, auf die Sie sich an diesem Tag freuen.

3. Gehen Sie Risiken ein. Ziehen Sie nicht den Kopf ein, wenn man Sie kritisiert, sondern nehmen Sie den Fehdehandschuh auf. Bekennen Sie sich offen zu Ihren Ansprüchen. Mucken Sie auf gegenüber rücksichtslosen Zeitgenossen! Versuchen Sie, Ihre Hemmungen zu überwinden, statt sich einzureden, dass ein anständiger Mensch wie Sie gern einen Rückzieher macht. In vielen Fällen werden Sie sich nicht durchsetzen können, aber Sie haben Flagge gezeigt. Überlegen Sie, was Sie beim nächsten Mal anders machen werden, und riskieren Sie erneut die Konfrontation.

4. Achten Sie auf Ihre Körperhaltung. Stehen Sie aufrecht, ohne hängende Schultern. Fühlen Sie, wie Ihr Scheitel Sie zur Decke zieht. Heben Sie Ihre Augen so weit, dass Ihr Blick beim Gehen über der Horizontlinie ruht. Blicken Sie Ihren Gesprächspartnern direkt ins Gesicht. Lassen Sie Ihren Blick wandern, schauen Sie auch mal zur Seite, aber suchen Sie immer wieder die Augen des andern. (Starren Sie aber niemanden mit unbeweglichen Augen an, weil das wie eine Drohung wirken würde.) Bemühen Sie sich um einen freundlichen Gesichtsausdruck. Zeigen Sie ab und zu ein Lächeln. Wenn Ihnen das schwer fällt: denken Sie an eine lustige Begebenheit von früher, und Sie lächeln von ganz allein.

5. Seien Sie entscheidungsfreudig. Schieben Sie keine Entschlüsse auf die lange Bank. Entscheiden Sie lieber falsch als gar nicht. Erst die Folgen einer Tat zeigen klar, ob man hätte anders entscheiden sollen. Wenn eine Entscheidung falsch war: korrigieren Sie sie sofort mit einer neuen Entscheidung. Unentschiedenheit dagegen lähmt die Lebensfreude.

6. Legen Sie die Opferrollen ab. Fühlen Sie sich benachteiligt wegen Ihrer Erziehung, Ihrer Herkunft, Ihres Geschlechtes, Ihres Aussehens, Ihres Geburtsortes? An der Vergangenheit können Sie nichts mehr ändern – übernehmen Sie ab sofort die Verantwortung für Ihre Gegenwart und Ihre Zukunft! Überlegen Sie lieber, wie Sie Ihre schlechtere Ausgangsposition kompensieren und in eine Quelle von Erfolgen verwandeln werden. Betrachten Sie Schwierigkeiten nicht als Hemmnis, sondern als Herausforderung, die Sie reizt. Bedenken Sie: Erst wenn Sie die Opferrolle akzeptieren, haben die «Täter» gegen Sie gewonnen.

7. Entwickeln Sie Begeisterung. Charisma ist inneres Licht, das nach außen strahlt. In manchen Kreisen gilt es als schick, sich so gleichgültig wie möglich zu geben. Tun Sie das Gegenteil. Überlegen Sie, welche Dinge und Personen Sie mögen. Erzählen Sie andern davon. Verzichten Sie darauf, auf das in Deutschland übliche Nörgeln und Meckern einzustimmen. Nur wer sich selbst begeistert, kann auch andere begeistern.

8. Entwickeln Sie ein eigenes Profil. Hören Sie auf, der jeweils letzten Mode nachzueifern und all das zu tun, was die Mehrheit tut. Diana Vreeland, legendäre Chefin der Modezeitschrift «Harper's Bazaar», sagte: «Stil bedeutet, sich selbst zu erfinden.» Finden Sie heraus, was zu Ihnen passt. Fragen Sie Ihre Freunde, holen Sie dazu möglichst unterschiedliche Meinungen ein. Lassen Sie sich durchaus von Mode und Zeitgeist anregen, aber wandeln Sie das, was Ihnen an andern gefällt, für Ihre Zwecke ab.

9. Zeigen Sie Gefühle. Überlegen Sie, welche Empfindungen Sie am liebsten vor andern verbergen, ja sich selbst kaum eingestehen. Meist stecken Erziehungsmaximen dahinter, wie: Ein gutes Mädchen ist brav und zeigt keinen Zorn. Ein echter Junge heult nicht. Wenn Sie unzufrieden sind, sagen Sie es, statt Ihre Umgebung anzuklagen. Statt «Dieser Idiot!» sagen Sie «Ich hab mich über ihn geärgert», statt «Lass mich in Ruhe!»: «Ich fühle mich nicht wohl, ich möchte heute für mich sein.» Unwiderstehlich wirken Äußerungen über positive Gefühle: «Das finde ich spannend», «Ich finde, das hast du toll gemacht.»

10. Interessieren Sie sich für andere. Laufen Sie mit offenen Augen durch das Leben. Beobachten Sie Ihre Mitmenschen genau. Stellen Sie Freunden und Fremden Fragen. Beginnen Sie mit der Postfrau und Ihrem Zeitschriftenhändler. Niemand erwartet von Ihnen dauernd tiefsinnige Gespräche. Lernen Sie lieber, genau zuzuhören und durch zustimmendes Nicken und neue Fragen zum Weitererzählen zu ermutigen.

4. Altern im Alleingang – kein Grund zur Panik!

Als Kinder haben wir uns gegenseitig ein Rätsel aufgegeben: Was ist das? Jeder will es werden, aber keiner will es sein. Die richtige Antwort («alt») lehrt uns zugleich, wie sich unsere Einstellung mit den Jahren ändert. Als Kinder konnten wir es nicht erwarten, älter und damit erwachsen zu werden. Als Erwachsene würden wir jeden Preis bezahlen, um wieder jung zu sein. Obwohl die Lebenserwartung noch nie so hoch war wie heute, wurde das Alter auch noch nie so gefürchtet. In früheren Jahrhunderten galt es als erstrebenswert, so bald wie möglich den Torheiten der Jugend zu entfliehen. Der mexikanische Schriftsteller Carlos Fuentes schildert diese Einstellung in seinem Roman «Die Heredias»:

> «Heute versucht man, zuweilen in unpassender Weise, die Jugend so weit wie möglich hinauszuziehen ... Vor 1914 strebte man danach, so früh wie möglich erwachsen zu werden; wir ließen uns einen Vollbart stehen, setzten uns Kneifer auf und trugen Melone, schwarze Anzüge, hohe Stiefel, steife Kragen und gestärkte Hemden. Und wer, außer Arbeitern und Bettlern, ging ohne Spazierstock und Gamaschen aus?»

Erst als Mutter und Verwalterin eines Haushaltes wurde aus dem Fräulein eine geachtete Frau. Erst als Familienvorstand wurde aus dem Jüngling ein reifer und damit geachteter Mann.

Seien wir ehrlich: Hätten wir die Wahl, wer würde nicht liebend gern für ewig jung bleiben? Mit zwanzig waren wir so agil wie später nie wieder. Die Natur schenkte uns Gesundheit, Kraft, Ausdauer und Geschicklichkeit, ohne dass wir etwas dafür tun mussten. Im Alter muss man sich diese Güter hart erarbeiten und wird doch nie wieder die Leistungsfähigkeit erreichen, die uns damals ohne unser Zutun zur Verfügung stand.

In der Single-Gesellschaft bemühen wir uns, die Jugend so weit auszudehnen, wie es unsere biologischen Möglichkeiten zulassen. Jugendlich im Aussehen und erwachsen im Ansehen – das ist das Ideal. Singles fällt das Altern doppelt schwer. Mit der Jugend drohen auch die Vorzüge des Einzeldaseins dahinzuschwinden. Wir vergessen leicht, dass wir es der Medizin des zwanzigsten Jahrhunderts verdanken, dass wir überhaupt über ein Leben als Rentner nachdenken dürfen. Noch vor hundert Jahren wurden nur wenige Prozent älter als 65. Die meisten starben vorher an Krankheiten, Seuchen, Hunger oder Unfällen. Wir fürchten, eines Tages in Einsamkeit alt und gebrechlich zu sein. Was hindert uns, alt und gesund zu werden?

Wie zerronnen, so gewonnen

Wir altern von Geburt an. Streng genommen schon im Mutterleib. Vom ersten Tag an teilen sich die Zellen. Nach etwa fünfzig Teilungen werden die Zellen sterben und mit ihnen der Mensch (sofern ihn nicht schon vorher eine Krankheit hinweggerafft hat). Jeden Tag unseres Lebens verlieren wir etwa 10000 Hirnzellen – von Kindheit an. Wenn wir siebzig werden, sind 250 Millionen Nervenzellen untergegangen. Das klingt gewaltig, aber es ist nur ein Prozent aller Nervenzellen, die der Mensch besitzt.

Kinder büßen aber nicht nur Zellen, sondern auch schon früh eine Reihe von körperlichen und geistigen Fähigkeiten ein. Jeder weiß, dass früh anfangen muss, wer ein Meister werden will. Ein Kind, das mit drei oder vier Jahren an ein Musikinstrument gesetzt wird, hat – Talent und Motivation vorausgesetzt – gute Chancen, ein Virtuose zu werden. Beginnt der Unterricht mit acht oder neun, gelingt es nur noch in Ausnahmefällen, überdurchschnittliches Können zu entwickeln. Auch Olympiasieger im Schwimmen, Turnen oder Eiskunstlauf haben mit ihrem Training begonnen, als sie noch nicht lesen und schreiben konnten. Ballettschulen empfehlen den Einstieg mit vier bis sechs. Akrobaten, die ihre Arme und Beine schlangengleich verbiegen, fangen in frühem Kindesalter an, wenn ihre Gelenke noch formbar sind.

Im Vorschulalter besitzen Kinder eine Flexibilität, die in keiner späteren Lebensphase mehr erreicht wird. Ein Beispiel kennen wir alle: unsere Muttersprache. Mit ein bis vier Jahren haben wir so eine schwierige Sprache wie das Deutsche akzentfrei gelernt. Wir können die Grammatik richtig anwenden und verfügen über mehr als zehntausend Vokabeln. In Ausländerfamilien beobachten wir, dass deren Kinder noch eine zweite und dritte Sprache lernen, ohne sie miteinander zu verwechseln. Doch kaum nähert sich das Kind der Pubertät, verflüchtigt sich diese wunderbare Lernbegabung. Selbst nach jahrelangem Vokabelpauken erlernt eine Vierzehnjährige nicht mehr, was ihr sechs Jahre vorher nach wenigen Monaten Aufenthalt in dem fremden Land wie von selbst zugeflogen wäre.

Trotzdem würde niemand schlussfolgern: «Das Mädchen wird eben alt.» Ein Mensch hat sein Leistungshoch mit Mitte zwanzig. Dann arbeiten Herz, Lunge, Muskeln und Gewebe so effektiv wie nie vorher und nachher. Gedächtnisleistung und Reaktionsvermögen erreichen Spitzenwerte. Die Grenze zwischen Jugend und Alter setzen wir erst mit dem Überschreiten dieses Höhepunktes an. Doch so wie es in der Kindheit keinen Aufbau ohne Abbau gab, tritt mit dreißig, vierzig oder sechzig kein allgemeiner Abbau ohne Aufbau ein. Bei Sportarten, die Schnelligkeit und Geschicklichkeit erfordern, sind die Sieger kaum älter als zwanzig. In Ausdauerdisziplinen sind Spitzensportler nicht selten über dreißig, ehe sie ihre Bestwerte erreichen. Ähnliches gilt für Sportarten, die Erfahrung und Einfühlungsvermögen erfordern (Reiten, Schach).

Bekannt ist, dass im Alter das mechanische Gedächtnis – wie man es für das Einpauken von Vokabeln braucht – nachlässt. Bei einem Gedächtnistest von 24 Wörtern blieben im Kurzzeitgedächtnis: mit 30 Jahren 13 Wörter, mit 50 Jahren 10 Wörter und mit 70 Jahren sieben Wörter. Dafür lernen wir aber im Laufe des Lebens immer besser, wesentliche von unwesentlichen Informationen zu unterscheiden und Merkstrategien einzusetzen, zum Beispiel Eselsbrücken oder das geschickte Verknüpfen des neu zu Lernenden mit schon Bekanntem. Wenn es darum geht, sich größere Zusammenhänge einzuprägen, sind Ältere oft überlegen.

Im Alter wächst die Spezialisierung. Auf vertrauten Gebieten, deren Grundlagen in jüngeren Jahren gelegt wurden, können Sechzigjährige mit Dreißigjährigen mithalten oder sie auf Grund ihrer Lebenserfahrung übertreffen. Dagegen fällt es immer schwerer, sich etwas völlig Neuartiges anzueignen.

Einige weitere Verbesserungen, die das Alter bringt:

- Die Schmerzempfindlichkeit sinkt. Zahnschmerzen treten nun seltener und mit geringer Intensität auf.
- Charakterlich werden wir ausgeglichener. Selbst hartgesottene Choleriker, die mit zwanzig bei der geringsten Stichelei explodierten, reagieren mit mehr Gelassenheit.
- Der sexuelle Drang wird weniger triebhaft.
- Mit den Jahren benötigt man weniger Schlaf. Dadurch wächst die verfügbare Freizeit.
- Die sinkende Reaktionsschnelligkeit wird durch größere Lebenserfahrung ausgeglichen. Ältere reagieren umsichtiger und vorsichtiger.
- Die Anfälligkeit für Infektionskrankheiten, insbesondere für Erkältungen, geht zurück. Das Immunsystem «kennt» die meisten Krankheitserreger schon.
- Ältere vergeuden weniger Zeit mit Unwesentlichem. Von Lebenskrisen lassen sie sich auf Grund ihrer Erfahrungen nicht mehr so leicht aus der Bahn werfen. Es sind kaum noch schicksalsbestimmende Entscheidungen (Kinder, Berufswahl) zu treffen.

Langlebigkeit – der Wettkampf um die Jahre

Der Traum vom ewigen Leben ist so alt wie die Menschheit selbst. Die Griechen der Antike erzählten folgende Fabel:

Die Göttin Eos erbat sich von Zeus für ihren irdischen Geliebten Tithonos die Unsterblichkeit. Der Göttervater gewährte ihr in einem Anflug von Geberlaune diesen Wunsch. Sie hatte allerdings vergessen, dass auch ewige Schönheit, Gesundheit und Jugend notwendig sind, um den Geliebten in den von ihr geschätzten Qualitäten zu bewahren. So musste Eos, die ewig jung blieb, machtlos zusehen, wie ihr Tithonos von Jahr zu Jahr älter, grauer und runzliger wurde. Er schrumpfte zusammen und sprach statt mit feurigem Vibrato nur noch mit einer Fistelstimme. Nach über hundert Jahren war er so sehr geschrumpft, dass sie ihn im Schmuckkästlein mit sich führen konnte, eine müde Zikade, die der Tod nicht vom Fluch des ewigen Alterns erlösen konnte.

Als die Sage entstand, starben die meisten als Kinder oder in jungen Jahren. Die Medizin hat inzwischen erreicht, dass in den Industriestaaten die übergroße Mehrheit das Pensionsalter erlebt. Die durchschnittliche Lebenserwartung stieg von 18 Jahren im Jahre 500 v. Chr. über 49 Jahre im Jahre 1900 auf 75 bis 76 Jahre in der Gegenwart. Dieser Anstieg ist zurückzuführen auf

- geringere Kindersterblichkeit
- erfolgreiche Bekämpfung der meisten ansteckenden Krankheiten
- verbesserte Ernährung und Hygiene
- verbesserte medizinische Versorgung.

An der maximalen Lebenserwartung hat die Medizin nichts ändern können. Wenige Menschen werden neunzig und mehr. Nur eine einzige Frau, die Französin Jeanne Calment, geboren 1875, erreichte in unseren Tagen nachweislich mehr als 120 Jahre. (Sie starb am 4. August 1977, 122 Jahre alt.) Zu Caesars Zeiten, als die mittlere Lebenserwartung bei 25 Jahren lag, wurden dennoch einzelne hundert und älter – wie heute. Der römische Autor Plinius berichtete, dass Kaiser Augustus persönlich den hundertjährigen Greis Pollio Romilius besuchte, um von ihm das Geheimnis langen Lebens zu befragen. Seine Antwort: Wein mit Honig für das Innere und Einölen des Körpers für das Äußere.

Die maximal mögliche Lebensdauer eines jeden wird durch seine Erbanlagen bestimmt. Nur für zwei bis drei Prozent von uns dürften hundert und mehr Jahre möglich sein – eine optimale Lebensführung vorausgesetzt. Für die übergroße Mehrheit liegt das erreichbare Lebensalter bei 77 bis 93 Jahren. Einige Mediziner glauben allerdings, eines Tages könne jeder 120 werden – sobald die Medizin über Herzinfarkte, Krebs, Schlaganfall und Alzheimer Krankheit den Sieg davongetragen hat. Es ist aber höchst fragwürdig, ob die Medizin dieses ehrgeizige Ziel je erreichen kann. Die genannten Krankheiten enthalten mit Sicherheit eine erbliche Komponente, deren Auswirkungen man mildern, aber nie ausschließen kann. Im Gegenteil, je mehr Menschen älter werden, desto mehr nehmen diese Krankheiten zu, weil es Alterskrankheiten sind. Die Wahrscheinlichkeit ihres Auftretens wächst mit den Jahren. Die übergroße Mehrzahl der Krebsfälle tritt erst jenseits der 65 in Erscheinung. Alzheimer ist unterhalb des Rentenalters eine Ausnahme. Von den über 65-Jährigen sind fünf Prozent, von den über 80-Jährigen 20 Prozent betroffen.

Ist die Lebenserwartung Schicksal? Ja und nein. Es gibt eine maximale Anzahl von Jahren, über die wir nicht hinwegkommen werden, weil sie genetisch festgelegt sind. Allerdings stößt nur eine Minderheit bis zu dieser Grenze vor. Beispielsweise erreichen 40 Prozent der starken Raucher nicht das Pensionsalter. Wir haben es selbst in der Hand, wie weit wir uns unserer absolut möglichen Lebensgrenze nähern. Wenn Singles, wie uns die Statistiker sagen, im Durchschnitt viereinhalb Jahre früher sterben als Verheiratete, dann sind die Gründe dafür in ihrer Lebensführung zu suchen.

Ein Mittel, das Leben über jenes Maximum hinaus zu verlängern, wurde noch nicht gefunden. Alle Sensationsmeldungen über neu entdeckte Jungbrunnen haben sich bald als Zeitungsenten herausgestellt. Aber es hat sich schon mancher an vergeblichen Erwartungen eine goldene Nase verdient. Warum kämpfen wir eigentlich um jedes Jahr? Warum sind wir bereit, für gewonnene Lebenszeit so gut wie jeden Preis zu bezahlen, obwohl wir genau wissen, dass wir das Ende nur hinauszögern, aber nicht aufheben können? Neben der Angst vor Alter und Tod treibt den Menschen eine Art Rekordlust. Wer in körperlicher und geistiger Frische seinen achtzigsten Geburtstag im Kreis von Familie und Freunden feiert, kann sich als Gewinner fühlen. Der Jubilar oder die Jubilarin erinnert sich an eine Reihe von Gleichaltrigen, die bereits das Zeitliche gesegnet haben. Mit jedem weiteren Geburtstag wächst das Prestige der Überlebenden, da ihr Kreis immer weiter zusammenschmilzt. Wer hingegen am Dasein hängt, weil er das Leben liebt, richtet sein Augenmerk nicht so sehr auf die Zahl der Jahre, sondern darauf, wie er sie verbringt.

Die Lebensführung hat nicht nur Auswirkungen auf die Lebensdauer, sondern auch auf die Lebensqualität. Wer ungesund lebt, lebt nicht nur kürzer, er leidet auch mehr in seinen letzten Lebensjahren. Wie wollen Sie Ihr Alter verbringen: Lebenslustig und agil oder dahinsiechend und jeden Tag qualvoll? Selbstbestimmt oder von fremder Hilfe abhängig? Was würde es mir unter diesen Umständen nutzen, achtzig oder gar neunzig zu werden, wenn ich dreißig Jahre davon bewegungslos, auf Pflegestationen und in Krankenhäusern verbringen muss?

Menschen mit gesunder Lebensführung sind unter den über Achtzigjährigen häufiger als unter den Dreißigjährigen. Warum? Die meisten ungesund Lebenden sind mit achtzig schon gestorben.

Meine Leistungskraft ist mein Produkt

Die Raumfahrtmedizin brachte ein überraschendes Ergebnis. Astronauten, die wochenlang unter Bedingungen der Schwerelosigkeit und Bewegungsarmut im All leben, leiden nach ihrer Rückkehr unter folgenden Symptomen:

- Rückbildung der Muskulatur
- erhöhter Blutdruck
- erhöhter Ruhepuls
- weniger rote Blutkörperchen
- erhöhte Blutfettwerte
- verminderter Kalziumgehalt der Knochen
- geringere Leistungsfähigkeit wichtiger Organe wie Herz, Lunge, Nieren.

Es sind die gleichen Symptome, die auch das Altern mit sich bringt. Das legt den Verdacht nahe, dass ein Großteil der Altersbeschwerden auf Unterforderung zurückzuführen ist. Nicht nur Muskeln und Organe, sondern auch die Sexualität und geistige Fähigkeiten verkümmern, wenn sie nicht benutzt werden. Jeder, dem nach Wochen der Gips von seinem gebrochenen Bein genommen wird, kennt Muskelrückbildungen infolge Nichtbetätigung aus eigener Anschauung.

Alltagserfahrungen bestätigen diesen Zusammenhang. Menschen bleiben leistungsfähig auf den Gebieten, auf denen sie sich ihr Leben lang betätigten. Picasso schuf mit neunzig noch Meisterwerke. Der hundertjährige Ernst Jünger schreibt immer noch Bücher und vergrößert seine Insektensammlung. Adenauer und Churchill waren mit über achtzig noch politisch aktiv und wurden sehr alt: Adenauer einundneunzig und Churchill neunzig – obwohl er Whisky und Zigarren liebte und Sport ablehnte. Bekannt ist, dass Meisterdirigenten im Durchschnitt fünf Jahre älter werden als ihre Altersgenossen, weil sie bis ins hohe Alter eine vielseitige Tätigkeit ausüben: Dirigieren vereint intellektuelle, kreativ-musische und kommunikative (Führung von einigen Dutzend Musikern) Leistungen.

Nicht gegen das Alter müssen wir vorbeugen – was ohnehin unmöglich ist –, sondern gegen Trägheit und Bequemlichkeit. Wenn es Ihnen darüber hinaus noch gelingt, einige gravierende Gesundheitsrisiken zu vermeiden, ist nicht einzusehen, warum Sie als Single nicht genauso alt oder sogar älter als Ihre verheirateten Nachbarn werden sollten.

Der Jugendkult unserer Gesellschaft hat den Ärzten, die seit Jahren für eine gesunde Lebensweise werben, unerwartete Rückendeckung gegeben. Wer gesund und jung aussehen will, muss sich kalorienbewusst ernähren, Fitnessstudios frequentieren und Exzesse vermeiden. Dennoch assoziieren wir gesundheitsbewusstes Leben eher mit Entsagung und Anstrengung als mit Vergnügen und Lebensfreude. Das liegt zum Teil daran, dass jeder Gesundheitsapostel, der eine neue Diät gefunden zu haben glaubt, in den Medien fordert, diszipliniert die gesamte Lebensweise nach seinen Vorschriften auszurichten. Spontaneität und individuelle Vorlieben haben darin keinen Platz.

Nichts ist falscher als das. Jede Ausrichtung der Lebensführung auf nur ein Prinzip ist einseitig und daher schädlich. Wer sich schlank hungert, rutscht sehr schnell in eine Mangelernährung hinein und überlastet Kreislauf und Nieren. Todesfälle durch Magersucht nehmen von Jahr zu Jahr zu, neuerdings auch unter Erwachsenen. Fanatisches Sporttreiben bis zur Erschöpfung ist lebensgefährlich. Spätschäden durch einseitige Belastungen der Gelenke oder überforderter Organe lassen sich nicht mehr rückgängig machen. Sonnenlicht fördert zwar die Vitalität und die körpereigene Vitamin-D-Produktion. Zu viel davon erhöht das Hautkrebsrisiko.

Ausgewogenheit entsteht in einer vielseitigen Lebensweise.

Gesund lebt, wer vielerlei ausprobiert, aber in Maßen. Und es muss Spaß machen. Lebensfreude ist schon für sich ein lebensverlängernder Faktor. Gute Laune und eine optimistische Lebenseinstellung stärken das Immunsystem und lassen uns Belastungen besser ertragen. Das wurde in mehreren wissenschaftlichen Studien zweifelsfrei nachgewiesen.

Da Singles ein höheres Krankheitsrisiko haben als Verheiratete, müssen sie mehr für ihre Gesundheit tun. Folgende sind die wichtigsten lebenserhaltenden Prinzipien, über deren Wirksamkeit unter Medizinern Einigkeit besteht:

1. Regelmäßigkeit. Der Schriftsteller Daniel Defoe (1660–1731) wusste es bereits: Sein Romanheld, der Schotte Robinson, würde die 28 Jahre Einsamkeit auf seiner Insel nur ertragen können, wenn er sich durch exakte Tagesplanung selbst zähmte. Rituale im Alltag mögen langweilig sein, aber sie verlängern das Leben. Der Körper besitzt eine Vielzahl innerer Rhythmen, die empfindlich gestört werden, wenn die Außenwelt sie ständig durcheinander wirbelt. Einige Altersforscher vermuten sogar, dass die Desynchronisation unserer biologischen Uhren eine wichtige Ursache für Alter und Tod ist. Mönche, die in Klöstern unter extrem gleichförmigen Bedingungen leben, werden rund zehn Prozent älter als weltliche Zeitgenossen. Dagegen haben Schichtarbeiter eine labilere Gesundheit als andere, wenn sie die Folgen ihres unregelmäßigen Schlafens nicht durch stabile Ernährung, Sport und ausreichende Erholung ausgleichen. Jeder Single ist gut beraten, wenn er in seine Lebensführung einige wichtige Abläufe einfügt, die sich Tag für Tag in gleicher Weise wiederholen. Dann wird ihn ein gelegentliches Über-die-Stränge-Schlagen nicht aus der Bahn werfen. Je älter wir werden, desto länger dauert es, bis wir uns von einer durchfeierten Nacht wieder erholen.

2. Ausgewogene Ernährung. Fast alle Menschen über neunzig sind sehr schlank, meist an der Grenze zum Untergewicht. Dicke werden praktisch niemals alt. Das optimale Gewicht wird durch den Body Mass Index (BMI) errechnet, der Unterschiede im Körperbau berücksichtigt. Die Formel dafür lautet:

$$\frac{\text{Körpergewicht (in Kilogramm)}}{\text{Körpergröße (in Metern) zum Quadrat}}$$

Bei einem Gewicht von 70 Kilogramm und einer Größe von 1,75 Metern beträgt der BMI = 22,857, bei einem Gewicht von 50 Kilogramm und einer Größe von 1,63 Metern 18,819. Bei einem BMI größer als 25 wird die Grenze zum Übergewicht überschritten, bei einem Wert unter 18 droht Magersucht. Sehr alte Leute haben in der Regel einen Wert knapp über 18.

Im Tierversuch wurde nachgewiesen, dass bei Ratten, Mäusen und Fischen sich die Lebenszeit verlängert, wenn man sie kalorienreduziert ernährt. Bestätigt werden diese Ergebnisse durch menschliche Erfahrung. Auf der Insel Okinawa leben einige Bevölkerungsgruppen bei schmaler, aber vollwertiger Ernährung. Bei ihnen ist der Anteil der Hundertjährigen 40-mal höher als im japanischen Zentralland. Der amerikanische Altersforscher Roy Walford hat deshalb eine Spezialdiät von 1500 Kalorien täglich entwickelt, die er auch selbst anwendet. Er hofft, mit ihr bei hervorragender Gesundheit sehr alt zu werden. Sie enthält alle notwendigen Vitamine, Spurenelemente und Aufbaustoffe in notwendiger Menge, nur die Fett- und Kohlenhydratanteile sind reduziert. Hauptbestandteile einer solchen Vollwertnahrung sind Obst, Gemüse, Fisch, Vollkorn- und Milchprodukte. Aber Vorsicht beim Selbstversuch! Es ist nicht sicher, ob sich die Ergebnisse des Tierexperiments direkt auf den Menschen übertragen lassen. Im Unterschied zu Mäusen hat der Mensch ein sehr großes Gehirn, das den Löwenanteil der aufgenommenen Energie verbraucht. Es ist daher möglich, dass 1500 Kalorien auf Dauer zu wenig sind. Frauen, die oft auf Diät leben, leiden häufiger unter Depressionen und mangelndem Selbstbewusstsein als die mit stabilem Gewicht, hat die Deutsche Gesellschaft für Ernährung herausgefunden. (Bei

Männern dürfte es nicht anders sein.) Also lieber essen, was schmeckt, und sich zum Ausgleich mehr bewegen. Auf keinen Fall darf reduzierte Ernährung bei Kindern ausprobiert werden!

3. Ausdauersport. Der Mensch ist von Natur ein Lauftier. Der Urmensch war das einzige Raubtier, das seine Beute über viele Kilometer verfolgen konnte. Raubkatzen sind zwar schneller, geben aber nach etwa einem halben Kilometer auf. Der Mensch verlor in der Evolution sein Haarkleid, was die Kühlung bei Belastung verbesserte, und entwickelte leistungsfähige Schweißdrüsen. Er konnte daher seine Beute hetzen, bis sie auf Grund des Hitzestaus unter ihrem Fell zusammenbrach. Lunge, Herz, Muskeln und Gelenke des Menschen sind auf hohe Ausdauerbeanspruchung angelegt. Die Unterforderung des modernen Schreibtischarbeiters lässt Kreislauf und Muskulatur vorzeitig altern. Wer sich mehrmals in der Woche eine längere Ausdauerbelastung auferlegt, gleicht die Folgen von Stress und leichtem Übergewicht ohne Probleme aus. Das Risiko für fast alle Krankheiten sinkt. Wer allerdings den Sport als Wettbewerb gegen sich selbst versteht, wer sich überlastet, um Rekorde zu erzielen, zieht neue Risiken auf sich. Tipps für ein maßvolles Bewegungsprogramm, das sich gut in den Alltag integrieren lässt, finden Sie im fünften Kapitel.

4. Gehirnjogging. Auch das Gehirn und die Seele brauchen Anregungen. Täglich eine Viertelstunde etwas lesen, was zum Mitdenken zwingt, Rätsel lösen, öfter mal Kopfrechnen, statt den Taschenrechner zu befragen, Klavier spielen, auf einer Schreibmaschinen- oder Computertastatur schreiben statt mit der Hand – das erhöht die Lebenserwartung um zwei bis drei Jahre im Schnitt. Aber nicht nur das Denken, auch die Gefühle benötigen Gelegenheit, sich zu betätigen. Wer beispielsweise Wut in sich hineinfrisst, statt sie zu äußern, riskiert innere Dauerspannung, die die Immunabwehr schädigt. Dadurch wächst das Krebsrisiko. Über sechzig Prozent der Krebspatienten erwiesen sich in Tests als unfähig, ihrem Ärger Luft zu machen. Sich Kritik und Diskussionen auszusetzen verjüngt.

5. Niedrige Temperaturen. Je kühler es in der Umgebung ist, desto langsamer arbeitet der Stoffwechsel. Wie schnell ein Körper seine Leistungskraft verbraucht, hängt aber wesentlich vom Tempo des Stoffwechsels ab. Forscher der Universität Marburg empfehlen auf Grund ihrer Forschungsergebnisse, überheizte Räume zu meiden und vor allem bei Temperaturen unter 18 Grad zu schlafen.

Beobachten Sie einmal ältere Leute. Welche Eigenarten fallen Ihnen auf, von denen Sie fürchten, dass Sie sie sich auch einmal zulegen könnten, wenn Sie nicht mehr jung und frisch sind? Ihre Tütteligkeit? Ihr dauerndes Reden über Krankheiten und gute alte Zeiten? Rechthaberei und Pochen auf lange Erfahrungen, die Sie für längst überholt halten? Schreiben Sie alles auf! Achten Sie auf erste Anzeichen bei sich. Wenn Sie bemerken, dass Sie bestimmte Macken oder Vergesslichkeiten annehmen – schaffen Sie sich Ihre Sicherungssysteme dagegen. Als Single können Sie nicht damit rechnen, dass Ihre Freunde Sie beizeiten warnen, wenn Sie anfangen, wunderlich zu werden. Alte Leute sind (bis auf Ausnahmefälle) nicht wirklich vergesslich. Allerdings verlieren sie das Interesse an vielen Dingen, die sie in der Jugend spannend fanden. Wofür man sich nicht interessiert, das bemerkt man nicht oder vergisst es schnell. Unterhalten Sie sich mit alten Menschen. Sie werden schnell merken: Wofür sie sich interessieren, darüber wissen sie auch genau Bescheid.

Gegen geistigen Altersabbau helfen:

- Feste Aufbewahrungsorte für Brieftasche, Ausweise, wichtige Dokumente, Schlüssel. Solche Dinge nie einfach dort liegen lassen, wo Sie sie zuletzt benutzt haben.
- Schreiben Sie wichtige Dinge auf: Termine, geplante Einkäufe, neue Informationen wie Öffnungszeiten oder Telefon-

nummern. Versuchen Sie aber zugleich, ohne diese Listen auszukommen.

- Nehmen Sie in Ihren Bekanntenkreis genügend jüngere Leute auf. Gespräche mit Jüngeren sorgen dafür, dass Sie die Verbindung zum Zeitgeist nicht verlieren und rechtzeitig merken, wenn sich Gewohnheiten und Ansichten ändern.
- Gönnen Sie sich alle paar Wochen einige Stunden Zeit, um sich mit etwas für Sie Unbekanntem und Neuartigem zu beschäftigen. Leihen Sie sich ein Buch über die Herstellung von Kosmetika oder die politischen Umwälzungen zur Zeit Karls V. aus. Besichtigen Sie ein mineralogisches Museum. Suchen Sie im Radio einen Kultursender und hören Sie sich einen Beitrag über die Kompositionsweise von John Cage an. Je abgelegener das gewählte Gebiet, desto besser.

5. Gesundheit und Krankheit

Wer dem Alter mit gemischten Gefühlen entgegensieht, fürchtet in aller Regel zwei Dinge:

1. die Nähe des Lebensendes
2. Krankheiten und Siechtum.

Die Lebensdauer enthält eine Erbkomponente, die nicht in unserem Belieben liegt. Wie krank wir im Alter sein werden, hängt dagegen in starkem Maße von uns selbst ab. Das Alter wird zur selbst erfüllenden Prophezeiung. Glauben wir, dass wir später einmal gesund und lebensfroh sein werden, wählen wir einen Lebensstil, der unsere Leistungskraft erhält. Wer hingegen meint, er könne der Gebrechlichkeit ohnehin nicht entgehen, tut nichts, um ihr vorzubeugen.

Der Mythos vom hilflosen Ende

Jeder ist stets etwas gesund und etwas krank. Gehen Sie als kraftvoller Mittzwanziger zum Arzt und lassen Sie sich gründlich untersuchen. Wetten, dass er irgendwas findet? Hier ist ein Blutfettwert erhöht, da der Leukozyten- und Erythrozytenwert des Urins nicht im Normbereich. Menschen, bei denen alle Zähne kariesfrei bleiben, das Fußbett nicht abgeflacht ist, die Schilddrüse genug Hormone produziert und zugleich der Blutdruck stimmt, sind so selten wie Lottogewinner. Nun schauen Sie sich einen gebrechlichen Rentner kurz vor dem achtzigsten Geburtstag an. Möglicherweise leidet er unter Rheuma, vergrößerter Prostata, beginnender Alzheimer-Krankheit, Arthritis in den Kniegelenken und Arterienverkalkung. Die Tatsache aber, dass er lebt und sich in lichten Momenten auf seinen runden Geburtstag freut, beweist, dass er nicht nur krank ist. Sein Herz, sein vegetatives Nervensystem, sein Stoffwechsel und tausend andere Funktionen, über die er nicht nachdenkt, sind gesund genug, um die Körpermaschine am Laufen zu halten.

Wir assoziieren Jugend mit Gesundheit und Alter mit Krankheit. In Wahrheit ist nur das Maß verschieden, und das auch nicht immer. Auch als junge Menschen liegen wir manchmal elend danieder, während die Oma von nebenan beim wöchentlichen Kaffeekränzchen fröhlich Unmengen von Kuchen in sich hineinschaufelt. In den vergangenen Jahrzehnten hat die Medizin über so manches Leiden, das einst viele junge Menschen zu langem Siechtum verurteilte, einen imposanten Sieg davongetragen. Denken Sie an Tuberkulose, Syphilis oder Kinderlähmung. Der Gewinn ist inzwischen wieder in Frage gestellt durch die Zunahme von Aids und Allergien. Die Zahl derjenigen, die in ihren besten Jahren auf regelmäßige Behandlungen angewiesen sind, wächst ständig.

Wir haben gelernt, mit unserem individuellen Maß an Beschwerden auszukommen. Singles pflegen sich bei Krankheit selbst oder rufen Verwandte und Freunde zu Hilfe. Bei Erkältung oder Magenverstimmung kein Problem. Was aber, wenn ein akuter Notfall eintritt? Wenn man handlungsunfähig wird? Je älter sie werden, desto mehr leben Singles in der Angst, von einem Infarkt oder Schlaganfall überrascht zu werden. Wenn man dann nicht mehr rechtzeitig das Telefon erreicht ... Immer wieder tauchen Meldungen in den Zeitungen auf, wie:

> «Rentnerin lag vier Wochen tot in ihrer Hochhauswohnung! Erst als Nachbarn auf den Geruch aufmerksam wurden, brach die Polizei die Tür auf.»

Das kann Ihnen auch im Ehestand passieren. Nach fünfzig Jahren glücklicher Ehe stirbt Ihr Partner, und plötzlich stehen Sie allein da. Kaum Freunde, die Sie trösten, da Sie beide sich immer selbst genug waren. Die Kinder leben weit entfernt und stecken gerade in der Midlife-Krise. Für überlebende Partner steigt das Todesrisiko in den ersten Monaten nach der Verwitwung dramatisch an. Wenn es Sie jetzt erwischt, bleiben Sie ebenso unbemerkt wie die einsame Oma, die schon seit Jahren mit niemandem mehr ein Wort gesprochen hat. Als Single sind Sie besser vorbereitet. Es gibt ein, zwei gute Freunde, mit denen Sie fast täglich telefonieren. Die besitzen einen Zweitschlüssel zu Ihrer Wohnung und kommen sofort, um nach dem Rechten zu schauen, wenn Sie den Telefonhörer nicht abnehmen oder nicht anrufen.

Die verbesserte Technik wird in Zukunft vielen derartigen Ängsten ihre Spitze nehmen. Schon heute ermöglichen Handys und Scallgeräte, ständig erreichbar zu bleiben. Wenn Sie stets ein Funktelefon bei sich tragen, in dem der Notdienst und die Nummer einiger nahe wohnender Freunde als Kurzwahl eingespeichert sind, werden Sie gegen böse Überraschungen gewappnet sein. Denkbar wären für die Zukunft sogar Geräte, die Alarm schlagen, wenn sich lebenserhaltende Körperfunktionen ändern. Beispielsweise eine pulsmessende Armbanduhr, wie es sie heute schon gibt, die bei Herzstillstand einen Funkruf, der sich mit Peiltechnik orten lässt, an den Rettungsdienst aussendet.

Dennoch: Plötzliche, dramatische Notfälle sind selten. Die meisten Alten bleiben geistig klar und können sich bis zum Schluss um sich selbst kümmern. Krankheitsrisiken kündigen sich langfristig an. Einem Infarkt gehen in aller Regel erhöhte Cholesterinwerte, Stress, steigender Blutdruck, Übergewicht bei Bewegungsarmut und verschiedene Herz-Kreislauf-Beschwerden voraus, wie Herzstechen, das bis in den linken Arm ausstrahlt, Schwindelanfälle oder Herzrhythmusstörungen. Wenn Sie wissen, dass Sie durch Übergewicht, Bluthochdruck, Rauchen, Zuckerkrankheit oder erbliche Veranlagung (mehrere Ihrer nahen Verwandten erlitten vor dem Pensionsalter Infarkte, Thrombosen oder Schlaganfälle) in eine Risikogruppe gehören, sollten Sie sich regelmäßig untersuchen lassen und spätestens ab fünfzig Vorkehrungen treffen.

Das Gleiche trifft zu für die Angst, den Alltag nicht mehr bewältigen zu können oder einen unerwarteten Gedächtnisverlust zu erleiden – ein beliebtes Filmsujet. Altersbedingte Erinnerungslücken treten nicht plötzlich auf. Wenn das Gedächtnis allmählich nachlässt, könnte die Alzheimer Krankheit dahinter stehen. Von ersten Alarmzeichen bis zur völligen Hilflosigkeit ist es aber ein langer, mehrjähriger Weg. Sobald Sie erste Anzeichen von Gedächtnislücken feststellen – insbesondere, was Ereignisse betrifft, die noch nicht lange zurückliegen –, konsultieren Sie sofort einen Arzt! Nur nach einer gründlichen Untersuchung lässt sich feststellen, ob die Befürchtungen berechtigt sind. Er kann auch dafür sorgen, dass Sie einen Heimplatz erhalten, wenn Sie niemanden kennen, der Sie privat pflegen würde. Jeder Zwanzigste über 65 ist betroffen. Vielleicht wird es in Zukunft einmal eine Therapie gegen diese Krankheit geben, aber sicher ist das nicht.

Die Biologie des Alterns

Es gibt ein chronologisches Alter, über das uns ein Vergleich zwischen Geburtsdatum und Kalenderblatt belehrt. Es entscheidet über Schuleintritt, Mündigkeit und Rückzug ins Rentnerdasein. Interessanter ist jedoch das biologische Alter: Wie weit sind beim Einzelnen die körperlichen Alterungsprozesse fortgeschritten, verglichen mit dem Durchschnitt der Bevölkerung? Manche Menschen werden älter geschätzt, als sie sind: ihre Haut wirkt früh faltig, die Haare werden grau oder fallen aus, sie verlieren den Elan, gehen gebückt und wirken oft schwerfällig. Anderen gelingt es, lange ein jugendliches Aussehen zu bewahren. Sie ernten dafür Bewunderung und Neid. Die meisten Alltagskriterien – zum Beispiel graue Haare – eignen sich nicht, um das biologische Alter zu bestimmen. Manche ergrauen schon mit zwanzig, andere weisen mit vierzig noch kaum ein entfärbtes Haar auf, ohne dass Letztere in besserer körperlicher Verfassung wären als Erstere. Besser geeignet, aber auch noch ziemlich ungenau, sind folgende Merkmale:

Körperhaltung: Stellen Sie sich gerade hin, die Hände an die Seite. Biegen Sie nun den Oberkörper zur Seite, ohne ein Bein einzuknicken oder einen Fuß vom Boden zu heben. Wie tief kommen Sie mit Ihren Fingerspitzen?

- Bis unters Knie: unter 30 Jahre.
- Bis zur Kniemitte: etwa 35 Jahre.
- Bis zum Ende des Oberschenkels: etwa 45 Jahre.
- Bis zur Mitte des Oberschenkels und weniger: 50 Jahre und älter.

Haut: Schieben Sie mit den Fingerspitzen einer Hand die Haut auf dem Rücken der anderen Hand quer in Richtung kleiner Finger. Halten Sie diese Position mindestens fünf Sekunden. Wie lange dauert es, bis die Haut wieder glatt ist?

- Eine Sekunde: bis 30 Jahre.
- Zwei Sekunden: bis 40 Jahre.
- Fünf Sekunden: ab 50 Jahre.
- Mehr als zehn Sekunden: über 60 Jahre.

Kondition: Lässt sich durch verschiedene Formen von Ausdauerbelastung bestimmen. Für den Hausgebrauch geeignet: Sie steigen zwei Treppenstufen fünf Minuten lang mit gestreckten Beinen auf und ab. (Es eignet sich auch ein Stepper aus dem Sportgeschäft.) Wie hoch ist unmittelbar danach Ihr Puls?

- 120 Schläge pro Minute oder weniger: unter 30 Jahre.
- 120 bis 130 Schläge pro Minute: 30 bis 40 Jahre.
- 140 Schläge pro Minute: 40 bis 50 Jahre.
- Mehr als 140 Schläge pro Minute: über 50 Jahre.

Die entscheidenden Hinweise für das biologische Alter finden sich jedoch im Innern des Körpers. Es sind Veränderungen im Hormonhaushalt, im Stoffwechsel, in der Leistungskraft und Größe der Organe. Ein Teil dieser Altersanpassungen tritt, wie schon erwähnt, auch bei lange andauernder Unterforderung auf, kann daher durch das Verhalten beeinflusst werden. Es gibt bisher nur einige wenige Kliniken, die nach gründlicher Untersuchung eine biologische Altersbestimmung vornehmen. Krankenkassen bezahlen diesen Service nicht, obwohl er für die Gesundheitsvorsorge nützlich wäre.

Einige typische Altersveränderungen:

Die Körpergestalt wandelt sich. Zwischen dem fünfunddreißigsten und achtzigsten Lebensjahr verlieren wir fünf bis sechs Zentimeter an Körpergröße, vor allem, weil nach und nach die Zwischenwirbelscheiben schrumpfen und Knochen sich krümmen. Die Breite des Beckens und der Bauchumfang nehmen zu, Brustumfang und Schulterbreite ab, und zwar bei Dicken stärker und früher als bei Schlanken. Kurz, wir werden unten breiter und oben schmaler, der Körper neigt zur Birnenform.

Die chemische Zusammensetzung des Körpers ändert sich. Die Muskeln bilden sich bis zum Alter um etwa 50 Prozent zurück. Lebenslanges Training kann diesen Prozess jedoch stark verlangsamen. Die fehlenden Muskeln werden durch Fett ersetzt. Ein Mann von 25 Jahren besitzt bei einem Gewicht von 75 Kilogramm rund 13 Kilogramm Fett. Vierzig Jahre später ist sein Fettanteil – konstantes Körpergewicht vorausgesetzt – auf 28 Kilogramm gestiegen. Die Ursache liegt im Rückgang der körpereigenen Eiweißbildung. Auch der Anteil von Wasser in und zwischen den Zellen sinkt. Dadurch gehen die prallen Körperrundungen verloren, das Fleisch wirkt ausgetrocknet und schlaff.

Der Organismus verliert einen Teil seiner Anpassungsfähigkeit an äußere Belastungen. Wunden schließen sich langsamer. Überbeanspruchungen und Schädigungen sind immer schwerer zu verkraften. Alte Menschen frieren sehr leicht. Auffallend sind die Veränderungen der Haut. Ihre Elastizität sinkt, sie wird faltig und dünn. Mit 30 bildet sie die ersten Stirnfalten aus. Mit 50 erschlaffen die Wangen, mit 70 finden sich Runzeln im ganzen Gesicht. Die alternde Haut kann sich nur noch schwer erneuern. Dagegen helfen auf Dauer auch keine kosmetischen Tricks. Pro Jahr geht auch etwas mehr als ein Prozent der Pigmentzellen, die für die Hautbräunung zuständig sind, verloren. Dafür bilden sich an den Stellen, die häufig dem Licht ausgesetzt sind, die typischen Altersflecken.

Die Leistungskraft der Sinnesorgane lässt nach. In den Augen verhärten sich die Linsen und können im Nahbereich nicht mehr scharf gestellt werden – Altersweitsichtigkeit ist die

Folge. Außerdem lässt die Netzhaut zunehmend weniger Licht durch. Die Hörfähigkeit für hohe Töne geht stark zurück. Die Obergrenze liegt mit 30 Jahren noch bei 15 000 Hertz und mehr, mit 50 nur noch bei 12 000 Hertz, mit 70 sinkt sie bis 6000 Hertz. Ältere Menschen haben auch Probleme, aus einem Stimmengewirr einzelne Stimmen herauszuhören. Selbst Geruch und Geschmack lassen nach. Ein Siebzigjähriger hat im Mund nur noch ein Drittel der Geschmacksknospen eines Dreißigjährigen.

Die Organreserven gehen verloren. Mit «Reserve» ist gemeint, dass so gut wie alle Organe über überschüssige Leistungskraft verfügen. Im Prinzip können wir mit einer Niere und mit einem Lungenflügel leben, der Rest dient als Reserve für Überbeanspruchungen und Verluste infolge von Krankheiten oder Unfällen. Je älter wir werden, desto stärker bauen unsere Organe jedoch ihre Leistungskraft ab. Die Knochen verlieren Kalzium, werden spröde, und Brüche heilen schlechter. Die Gelenkknorpel nutzen sich ab, und die Bänder reißen eher als früher. Die Leber braucht länger, um Alkohol abzubauen. Die Filterkapazität der Nieren sinkt, und Eiweiße treten in den Urin über. Das Aufnahmevermögen der Lungen nimmt ab, weil die Muskeln, die die Lungenflügel bewegen, allmählich erschlaffen. Es beträgt mit 30 Jahren etwa 5,6 Liter, mit 50 Jahren 4,2 Liter, mit 70 Jahren noch 2,8 Liter. Das Herz pumpt weniger Blut durch den Körper. Bei Ruhe sind es mit 30 Jahren knapp dreieinhalb Liter, mit 50 Jahren drei Liter, mit 70 Jahren zweieinhalb Liter. Die Folge ist, dass Gewebe und Organe schlechter mit Nahrungsstoffen und Energie versorgt werden. Das hat dramatische Auswirkungen auf das Gehirn, unser zentrales Denk- und Steuerorgan, das zwanzig Prozent des aufgenommenen Sauerstoffs benötigt, obwohl sein Anteil am Körpergewicht nur zwei Prozent beträgt. Wer ein bewegungsarmes Leben führt, hat im Alter eine verringerte Herzleistung und folglich auch eine verringerte Hirnleistung. Der Verlust der Organreserve lässt sich durch körperliches und geistiges Fitnesstraining deutlich aufhalten.

Die Empfänglichkeit für chronische Krankheiten nimmt zu. Alte Leute müssen nicht notwendigerweise krank werden, aber es ist eine Tatsache, dass die meisten Menschen, je älter sie werden, von mehreren Krankheiten dauerhaft geplagt werden. Oftmals ist die Grenze zwischen Krankheit und «normalem» Altern nicht leicht zu ziehen. Bei jedem lagert sich im Laufe der Jahre Kalk in den Adern ab. Ab wann soll man bei einem Rentner von krankhafter Arteriosklerose sprechen, und bis wann sind die Adern (obwohl verkalkt) gesund? 85 Prozent leiden mit über 65 an wenigstens einer chronischen Erkrankung. Arthritis, Rheuma sowie Herz- und Kreislaufstörungen sind die häufigsten. Vereinzelt erkranken auch junge Menschen daran, aber erst bei den über 45-Jährigen nehmen sie mit jedem Jahr kontinuierlich zu. Im Alter brechen oft mehrere Krankheiten gleichzeitig aus. Die Mediziner prägten dafür den Begriff Multimorbidität. Da die Fähigkeit des Körpers zur Selbstregulierung und Kompensation von Störungen abnimmt, wird eine Erkrankung, die der Mensch unter viel Mühe und mit Hilfe des Arztes noch in den Griff bekommt, zum Auslöser von Folgeerkrankungen. Eine einzige oder keine Erkrankung im hohen Alter ist eine seltene Ausnahme. Das Lebensende tritt ein, wenn der Körper unter dem Ansturm verschiedener Leiden aufgibt. Bei einer gründlich obduzierten 111-jährigen Frau fanden die Pathologen beispielsweise sieben Grunderkrankungen und 21 weitere Gebrechen.

In der Jugend können wir uns Übergewicht, durchzechte Nächte oder ein Leben im Dauerstress leisten, ohne dass der Körper gleich rebelliert. Mit seinen Leistungsreserven fängt er die Strapazen auf, die wir ihm zumuten. Mit über 40 müssen wir uns allmählich selbst um sein Wohlbefinden kümmern. Wenn wir nicht auf seine begrenzte Leistungskraft Rücksicht nehmen, verweigert er die Zusammenarbeit.

Gesundheit und Alter – ein Widerspruch?

Verheiratete sind durch die Routine ihres Familienlebens in gewissem Maße vor gesundheitsschädigenden Exzessen geschützt. Singles, die jederzeit, wenn sie die Langeweile überfällt, aus ihrem Alltagstrott ausbrechen können, benötigen Selbstdisziplin, um die Abwehrkräfte ihres Körpers nicht zu oft zu überfordern. «Was soll's», können Sie mir jetzt entgegnen, «ich lebe lieber kurz, aber intensiv. Das Leben soll schließlich Spaß machen.» Und Sie verweisen auf Jimi Hendrix, Janis Joplin oder Jim Morrison von den Doors, die nach einem ausschweifenden Leben jung gestorben sind.

Hatten sie wirklich Spaß? Waren sie nicht eher Verzweifelte, die sich und der Umwelt etwas beweisen wollten? Schauen Sie sich die Überlebenden dieser Ära an. Rolling Stones-Sänger Mick Jagger beschäftigt heute seinen persönlichen Fitnesstrainer, um die Strapazen des Showbusiness als über Fünfzigjähriger zu verkraften. Sein Kollege an der Gitarre, Keith Richards, warnt heute vor Drogenexzessen, ist aber immer noch starker Raucher. Betrachten Sie sein verlebtes Gesicht. Möchten Sie mit 54 wie ein knapp Siebzigjähriger aussehen? Einige mussten nach einem gesundheitlichen Zusammenbruch aufgeben und sind heute nur noch ein Schatten ihrer selbst. Wen der Tod nicht rechtzeitig von seinen Ausschweifungen erlöste, büßt deren Folgen mit einem eingeschränkten Lebensstil, ständiger ärztlicher Überwachung und dem Neid auf glücklichere Kollegen.

Die meisten Akteure im Showbusiness schwören heute auf Fitness und gesunde Ernährung. Viele Frauen beneiden Supermodel Claudia Schiffer um ihr Aussehen – aber wer von ihnen wäre wirklich bereit, wie sie ausschließlich von Mineralwasser, Diätcola oder Pfefferminztee, Obst, Tomatensuppe und Huhn mit gedünstetem Gemüse zu leben? Milchschokolade gibt es höchstens zweimal im Monat und muss am nächsten Tag mit verschärfter Diät ausgeglichen werden. Dazu kommen viermal zwanzig Minuten pro Woche Gymnastik, außerdem Joggen, Reiten, Skifahren und Schwimmen. Alkohol ist tabu bis auf gelegentlich ein Glas Champagner, selbst mit Milch muss sie aufpassen.

Ein schlechtes Beispiel, weil bei ihr die Diät zum Beruf gehört? Für ihre Millionen würden Sie es auch tun? Warum dann nicht sich selbst zuliebe? Fast jede Woche outen sich Personen mit einem aufreibenden Berufsleben in den Medien mit ihrer enthaltsamen Lebensweise. In dieser Woche (Ende Oktober 1996) verrät zum Beispiel SAT1-Moderator Johannes B. Kerner, Jahrgang 1964, in einer Fernsehzeitung, dass er gerade 15 Kilo abgespeckt hat. Als die Reporterin ihm entgegenhält, dass der «knuffige» Kerner doch gut ankam, entgegnet er, dass er einfach Glück hatte, dass seine Fettleibigkeit so positiv angenommen wurde. Er selbst fühlte sich damit nicht wohl.

> «Ab 16 Uhr hab ich nichts mehr gegessen, keinen Tropfen Alkohol geschluckt und viel Obst gefuttert. Ansonsten hab ich nicht auf Gulasch oder Frikadellen verzichtet … Ich mach Liegestütze, renne zweimal die Woche um die Alster.»

Mit dreißig haben wir noch die Wahl, ob wir maßvoll leben, um die Kraft für Beruf und Freizeit zu finden. Mit sechzig müssen wir es. Gesundheit ist nichts Geheimnisvolles. Hinter ihr stehen im Großen und Ganzen die gleichen Faktoren, die auch die Lebenserwartung erhöhen (vergleiche Kapitel vier). Es sind:

Abwehr von Krankheiten. Das bedeutet im Einzelnen: Überbeanspruchungen vermeiden. Vitamin- und mineralstoffreiche Ernährung. Abwechselnd warm und kalt duschen, um die Resistenz gegen Erkältungen zu steigern. Ab fünfunddreißig alle zwei Jahre Gesundheits-Check-up auf Kosten der Krankenkasse. Dabei geht es um die Früherkennung von Herz-, Kreislauf-, Nieren- und Stoffwechselerkrankungen (wie Diabetes). Dazu kommt die Krebsvorsorge. Bei Frauen ab 20 kümmert sich der Frauenarzt darum. Männer haben ab 45 das Recht auf eine Untersuchung der Prostata. Außerdem empfiehlt es sich, ab 40 den Augeninnendruck messen zu lassen, um rechtzeitig ein Glaukom, auch grüner Star genannt, erkennen und behandeln lassen zu können.

Angemessene Aktivität. Wer heute im Berufsleben steht, erschöpft sich meist in ein oder zwei Bereichen und unterfordert sich auf allen übrigen Gebieten. Wer am Schreibtisch Akten bearbeitet und am Computer rechnet, benötigt in der Freizeit Sport und künstlerische Betätigung – eine Binsenweisheit.

Training. Unser genetisches Erbe beschenkt uns in der Jugend mit geistiger und körperlicher Leistungsfähigkeit. Die Kräfte, die wir öfter nutzen, bleiben uns erhalten, die übrigen verkümmern. Es nutzt nichts, sich gelegentlich bis zur Erschöpfung zu belasten, sondern man muß häufig maßvollen Gebrauch von seinen Kräften machen.

Vermeidung von Missbrauch. Alkohol, Zigaretten und zu fettes Essen erschöpfen unsere Organreserve schneller als von der Natur vorgesehen. Die Reserve der Leber reicht aus, um neben üblichen Belastungen täglich den Alkohol aus zwei bis drei Gläsern Wein abzubauen. Alles, was darüber liegt, schädigt ihre Zellen, die sich kaum regenerieren. Da wir auch mit einer Leber, die teilweise geschädigt ist, lange beschwerdefrei leben, präsentiert uns der Körper die Rechnung erst, wenn es längst zu spät ist. Das Gleiche gilt für das Rauchen. Nikotin verengt die Arterien und nimmt ihnen ihre Elastizität. Kreislaufschäden nehmen wir aber erst wahr, wenn die Durchlasskapazität der Adern und Venen bereits um 70 Prozent vermindert ist. Die Ablagerung von Cholesterin durch fettreiches Essen hat die gleiche Wirkung. Jeder Missbrauch ist eine Zeitbombe, die irgendwann in der zweiten Lebenshälfte explodiert.

Positive Einstellung zum Leben und zum Alter. Optimisten sind gesünder. Häufige Depressionen und Selbstzweifel schwächen das Immunsystem. Ein amerikanischer Psychologe – Martin Seligman, der seinen Namen zum Forschungsprogramm machte – wies mit der Auswertung einer Langzeitstudie nach, dass Optimisten deutlich länger ihre jugendliche Lebenskraft bewahren, während die Pessimisten erheblich früher als ihre hoffnungsfrohen Zeitgenossen an Bluthochdruck, Herzleiden und Krebs erkranken. Eine Studie an hundert Herzinfarkt-Opfern eines Krankenhauses in San Francisco bestätigte diesen Zusammenhang. Weniger Optimisten als Pessimisten erlitten einen zweiten Infarkt. Ihre Lebenserwartung war höher als die ihrer Mitpatienten. Von den sechzehn optimistischsten Versuchspersonen lebten acht Jahre nach dem ersten Infarkt noch elf. Von den elf pessimistischsten Kandidaten lebte hingegen nur noch einer.

Die Lebenseinstellung ist keineswegs schicksalsgegeben. Pessimisten gehen davon aus, dass unangenehme Ereignisse dauerhaft und unabänderlich sind. Tritt mal etwas Gutes ein, so ist das ein glücklicher Zufall, der an der Haupttendenz nichts ändert. Optimisten bewahren stets die Hoffnung, dass ihre Zukunft angenehme Überraschungen für sie bereithält. Sie sind willens, etwas dafür zu tun, dass diese Hoffnung Wirklichkeit wird. Böse Ereignisse halten sie für zeitlich begrenzt und änderbar. Es gibt zwei Möglichkeiten, seine Lebenseinstellung zu wandeln. Man kann sich zwingen, siehe negative Gedanken konsequent in positive umzuformulieren (Kapitel 3). Und man kann sich täglich kleine Erfolge organisieren: Sie stellen sich Anforderungen, die Sie mit einiger Mühe bewältigen können, und belohnen sich dafür mit einem Selbstlob oder einem kleinen Geschenk.

Natürlich, das klingt alles selbstverständlich und langweilig. Wie oft haben wir uns schon gesagt, wir müssen bei Essen und Alkohol kürzer treten, mal richtig ausschlafen und öfter schwimmen gehen? Wie viele Diäten sind schon begonnen und ohne Erfolg abgebrochen worden? Da fasst man die besten Vorsätze, zwingt sich einige Tage lang ein hartes Fitness- oder Abmagerungsprogramm auf – und hält es nicht durch. An einen zweiten Versuch geht man – wenn überhaupt – mit weniger Elan heran, plant das Scheitern schon ein. Es nutzt nichts, zu viel des Guten zu tun. Realistisch sind kleine Veränderungen, die sich ohne große Überwindung in den Tagesablauf einfügen lassen. Nur wenn eine gesunde Neuerung des Lebensstils nach einem halben Jahr noch Bestand hat, war sie sinnvoll.

Das Rezept dazu ist einfach. Nehmen Sie sich ein oder zwei Dinge vor, nicht mehr. Zum Beispiel nachmittags statt Kuchen einen großen Apfel zu essen und täglich eine halbe Stunde spazieren zu gehen (oder den Weg zur Arbeit zu Fuß zurückzulegen, auch wenn Sie dafür eher aufstehen müssen). Möglicherweise haben Sie zunächst nicht viel Freude daran. Tun Sie es trotzdem. Sonnen Sie sich in dem Bewusstsein, dass Sie sich damit etwas Gutes tun. Nach einigen Wochen werden Sie merken, dass Ihnen diese Veränderung allmählich in Fleisch und Blut übergeht. Die tägliche Widerholung macht's. Wilhelm von Humboldt schrieb einmal:

> «Häufige Wiederholung geht in Gewohnheit über, und diese … wird nun mehr oder minder, länger oder kürzer, Charakter.»

Welche mäßigen (aber regelmäßigen) Gewohnheiten bei geringstem Aufwand den größten Nutzen erzielen, dazu mehr im folgenden Abschnitt.

Ich laufe, also bin ich

Sie haben drei Möglichkeiten. Die erste: Sie denken nicht weiter über Ihre Lebensweise und über die Zukunft nach. Sie folgen Ihren spontanen Vorlieben und hoffen, dass Ihre Gesundheit in zwanzig Jahren noch genauso mitspielt wie heute. Ich erinnere mich an ein kugelrundes Mädchen von Mitte zwanzig, das in einer Talkshow zum Thema «Dicke sind erotisch» erklärte:

> «Warum soll ich mich dem Diktat der Gesellschaft beugen, dass nur Schlanke gut aussehen? Ich finde diese dürren Models hässlich. So wie ich bin, gefalle ich mir. Ich fühle mich wohl in meiner Haut. Warum soll ich also abnehmen? Bloß weil Schlanksein bei den meisten als schick gilt?»

«Um Gottes willen, Mädel!», hätte ich ihr am liebsten zugerufen. «Über Geschmack lässt sich nicht streiten, wohl aber über Gesundheit. Ich kenne eine Frau von Mitte Fünfzig, die zwanzig Kilo Übergewicht hat. Mit dreißig litt sie noch an zu niedrigem Blutdruck. Inzwischen ist er zu hoch. Sie hat schon einen Herzinfarkt gehabt, keucht nach der kleinsten Anstrengung und rechnet jeden Moment mit dem Schlimmsten. Ihr kann man ihr Gewicht kaum verübeln: Sie gehört zu jener Nachkriegsgeneration, die es nach Erfahrungen mit Hunger und Entbehrungen nicht fertig bringt, auch nur das kleinste Stück Brot wegzuwerfen. Aber du? Kannst du deine Eigenständigkeit, deine Unkonventionalität, dein Streben nach einem Abweichen von der Norm nicht auf einem anderen Gebiet ausleben?»

Die zweite Möglichkeit: Sie leben enthaltsam. Sie ernähren sich sparsam und gesund, befolgen minutiös Diätpläne, meiden Alkohol, Zigaretten und Stress, bemühen sich bei Konflikten um Gelassenheit. Lebenskrisen begegnen Sie mit Meditation und therapeutischer Hilfe. Sie schlafen ausreichend und vermeiden jede Übertreibung. Unter diesen Umständen leben Sie gesund, berauben sich möglicherweise aber jeder Lebensfreude.

Ich schlage Ihnen eine dritte Variante vor: Sie leben normal, essen Obst, aber auch Schokolade. Sie trinken gern mit Freunden ein paar Gläser Wein. Intensiven Arbeitsphasen und Überstunden weichen Sie nicht aus. Im Urlaub sagen Sie nicht nein zu einer Bergtour, haben aber auch kein schlechtes Gewissen, ihn faul am Strand liegend zu verleben. Zum Ausgleich für die Risiken Ihrer Lebensweise treiben Sie regelmäßig Ausdauertraining.

Amerikanische Wissenschaftler wollten wissen, welches die beste Strategie zum Abnehmen ist, und gewannen 150 übergewichtige Männer und Frauen für eine Vergleichsstudie. (Ich zitiere einen Bericht aus dem APA-Monitor, 3/1996.) Sie bildeten drei Gruppen: die erste hielt eine strenge Diät, die zweite aß normal weiter, trieb aber regelmäßig Sport, und die dritte versuchte Abnehmstrategien zugleich durchzuhalten.

Das Experiment lief über zwei Jahre. Im ersten Jahr lieferte es wenig Überraschungen. Am meisten verloren die erste und die dritte Gruppe an Gewicht; diejenigen, die es mit Sport ohne Diät versuchten, nahmen nur leicht ab. Erstaunlich aber waren die Resultate im zweiten Jahr. Da hatten sich die Teilnehmer der beiden Diätgruppen nämlich ihre verlorenen Pfunde zum größten Teil wieder angefuttert. Die eindeutigen Gewinner des Abnehmwettbewerbs waren auf lange Sicht die Nursportler. Sie hatten infolge ausreichender Bewegung nach und nach immer weiter an Gewicht verloren. Der Hauptgrund: Die regelmäßige Bewegung verbesserte das Wohlbefinden, und dies wiederum wirkte sich günstig auf die Essgewohnheiten aus.

Warum gewann nicht die Diät-Sport-Gruppe, die doch das meiste für das Abnehmen getan hatte? Eine nachträgliche Befragung der Teilnehmer brachte es an den Tag. Sie fanden die Diät so frustrierend, dass sie irgendwann damit aufhörten. Das Gefühl, versagt zu haben, wirkte sich auf die Motivation zu ihrer sportlichen Betätigung aus, sodass sie nach einiger Zeit auch ihre täglichen Bewegungsübungen einstellten. Der beste Weg, um auf Dauer schlank zu werden, heißt folglich: Bewegung, aber keine Diät! (Sich möglichst fettarm zu ernähren bleibt dennoch eine vernünftige Empfehlung.)

Unser Körper ist bereit, auch mit sechzig oder siebzig noch Süßigkeiten, Schweinehaxe, ein paar Bier, Alltagsstress und unregelmäßigen Schlaf zu tolerieren – vorausgesetzt, wir halten ihn fit. Aber mal unter uns: Schreckt nicht schon der Gedanke an das Schwitzen im Kraftraum? Und wenn Sie als bewegungsentwöhnte Mittvierzigerin in buntem Sportzeug und wackelnden Hüften vor den Augen Ihrer mitleidig lächelnden Nachbarn in den Laufschritt fallen sollen – reicht diese Vorstellung nicht aus, um die besten Vorsätze sich in Luft auflösen zu lassen? Und wo sind übrigens die neuen Inlineskater, von wohl meinenden Freunden zum Geburtstag geschenkt? Vermutlich nach dem zweiten Versuch auf dem Dachboden gelandet. Hat es in letzter Zeit nicht zu oft geregnet?

Die Vorsätze sind gut, die Ausreden noch besser. Aber unsere innere Stimme, die nie verlegen ist, wenn sich der Gedanke an körperliche Anstrengung meldet, lässt sich überlisten. Ich möchte Ihnen von meinen eigenen Erfahrungen berichten.

In der Schule war Turnen mein schlechtestes Fach. Während ich in allen übrigen Fächern ohne Mühe Einsen und Zweien erzielte, kam ich beim Sport nie über eine knappe Drei hinaus. Als Kind war ich dünn, schwächlich und mit Plattfüßen geschlagen. Mehrere Wochen im Jahr fehlte ich wegen Mandelentzündung, Magengrippe und anderen Wehwehchen. Ich machte mein Abitur, studierte und war endlich von jedem Sport befreit. Als es auf die Diplomarbeit zuging, litt ich unter so starken Konzentrationsmängeln, dass ich nach ein, zwei Stunden am Schreibtisch oder in der Bibliothek nicht mehr wusste, was ich gerade gelesen hatte. Dazu kamen die heftigen Kopfschmerzen, die mich zwei- bis dreimal pro Woche plagten. Erst nahm ich eine Schmerztablette, später zwei oder drei. Die halfen gegen das Kopfweh, aber nicht gegen die Müdigkeit und Abgeschlafftheit. Jeder solche Tag war verloren. Der Abgabetermin der Arbeit rückte näher und näher, aber ich kam nicht recht vorwärts.

Dass ich in dieser Situation meinen alten Trainingsanzug hervorkramte und neue Laufschuhe kaufte, war ein Akt der Verzweiflung. Mein Studienabschluss war in Gefahr. Beim ersten Mal nahm ich mir vor, zehn Minuten Dauerlauf durchzuhalten, koste es, was es wolle. Nach fünf Minuten taten mir alle Knochen und Muskeln weh. Mit Mühe schleppte ich mich weitere vier Minuten durch das Wohngebiet, dann gab ich auf. Hinterher musste ich zwei Stunden meine Beine hochlegen, ehe ich wieder handlungsfähig war. Ich war zu Tode erschrocken. Fünfundzwanzig und kann keine zehn Minuten laufen! Es war dieses Entsetzen, was mich weitermachen ließ. Nach sechs Wochen gelang es mir, eine Viertelstunde durchzuhalten, ohne danach total erschöpft in einen Sessel zu fallen. Meine Ausdauer beim Lesen und Schreiben verbesserte sich ziemlich rasch. Ich konnte vier Monate später meine Diplomarbeit termingerecht abliefern. Nach einem halben Jahr Training wurden meine Kopfschmerzen allmählich seltener.

Das ist fünfzehn Jahre her. Heute, mit über vierzig, bin ich in besserer körperlicher Verfassung als mit zwanzig. Ich kann ohne Mühe acht bis zehn Stunden am Schreibtisch durcharbeiten (mit kleinen Pausen natürlich). Die Kopfschmerzen sind verschwunden. Seit über zehn Jahren war ich nicht mehr krank. Ich laufe etwa viermal pro Woche zwischen vierzig und sechzig Minuten. Ich bin nicht besonders schnell. Bei Wettbewerben würden mich die meisten Gelegenheitssportler ohne Mühe überrunden. Aber darauf kommt es nicht an. Allein die wöchentliche Laufdauer von zwei bis drei Stunden in körpereigenem Tempo bringt den Effekt. Es dauerte lange, ehe ich mehrere Stunden pro Woche erreichte. Jahrelang lief ich lediglich dreimal zwanzig Minuten und fühlte mich dennoch wesentlich besser als früher.

Was also tun, wenn die innere Stimme sagt: «Lass es lieber sein.»? Beseitigen Sie zunächst alle Hürden, die zwischen Ihren guten Vorsätzen und der praktischen Durchführung stehen.

Das beginnt schon bei der gewählten Sportart. Vermeiden Sie Hemmnisse wie lange Anfahrten oder teure Ausrüstungen. Machen Sie sich nicht vom Wetter abhängig. Die körperlich effektivste Sportart ist Skilanglauf. Dennoch ist sie für den Alltag nicht geeignet, da sie alle drei Hemmnisse in sich vereint. Besser geeignet sind Schwimmen, Radfahren oder Inlineskating – vorausgesetzt, Sie haben eine Schwimmhalle beziehungsweise lange, wenig befahrene Straßenabschnitte zur Verfügung. Dennoch haben auch sie einen entscheidenden Nachteil: Der Übergang zwischen gemütlichem Spaziertempo und echter Trainingsleistung ist fließend. Sie müssen also während des gesamten Trainierens genügend Selbstdisziplin aufbringen, um sich zu einer Ausdauerleistung zu zwingen, die Sie ins Schwitzen bringt.

Diese Mühe wird Ihnen beim Besuch eines Fitnesscenters von der Technik abgenommen. Sie können die Maschinen so einstellen, dass Sie binnen weniger Minuten den Trainingspuls erreichen. Er sollte etwa 180 minus Lebensalter betragen. Wenn Sie die Zeit haben, dreimal in jeder Woche ein solches Studio aufzusuchen, der Preis für eine Jahreskarte Sie nicht schreckt und Sie gern im Beisein anderer üben, könnte dies das Training Ihrer Wahl sein. Dort können Sie sich auch von Fachleuten über das für Sie ideale Übungsprogramm beraten lassen.

Wenn Sie wenig Zeit haben und der Freizeitsport nicht allzu viel Geld kosten soll, werden Sie sich wie ich für den Dauerlauf entscheiden. Auch ein klug zusammengestelltes Gymnastikprogramm kann diese Anforderungen erfüllen, besonders für Frauen. Wählen Sie fünf bis zehn Kraft-, Bewegungs- und Dehnungsübungen, gut gemischt. Führen Sie sie hintereinander aus, mit maximal 60 Prozent Ihrer Leistungskraft. (Das bedeutet, wenn Sie zwanzig Liegestütze schaffen, machen Sie höchstens zwölf.) Nach einer kurzen Pause wiederholen Sie den ganzen Ablauf von vorn, und, wenn Sie es schaffen, noch ein drittes und viertes Mal. Achten Sie darauf, dass anstrengende Übungen stets von erholsameren Abläufen abgelöst werden. Vermeiden Sie jede abrupte Bewegung, um Zerrungen und Verstauchungen vorzubeugen. Tauschen Sie alle paar Tage einzelne Übungen gegen andere aus. Das verhindert einseitige Überlastungen. Das richtige Zusammenstellen der Übungen erfordert einiges Geschick (Tipps dafür in Fitnesszeitschriften und Büchern) und die Durchführung ziemlich viel Selbstkontrolle.

Beim Joggen haben Sie es leichter. Es genügt, einfach vor sich hin zu laufen und die Gedanken schweifen zu lassen. Den Trainingspuls brauchen Sie nicht zu kontrollieren. In dem Moment, wo Sie vom Gehen in den Laufschritt fallen – und sei Ihr Tempo noch so langsam –, erzielen Sie auf jeden Fall einen ausreichenden Trainingseffekt. Ihrer inneren Stimme sind für faule Ausreden klare Grenzen gesetzt. Sie starten vor der eigenen Haustür. Sie sind kaum vom Wetter abhängig – nur große Hitze sollte ein Grund sein, Lauftempo und -dauer zu reduzieren. Auch die Tageszeit ist egal. So wie Sie mühelos Mahlzeiten oder Duschen in Ihren Tagesablauf integrieren, können Sie eine halbe Stunde für das Laufen dazwischenschieben. Besondere Sportkleidung brauchen Sie nicht. Irgendwelche abgelegten Sachen reichen aus. Nur bei den Schuhen sollten Sie einmal im Jahr rund hundertfünfzig Mark investieren.

Aber vielleicht sind Sie übergewichtig und meiden seit langem größere körperliche Anstrengungen? Sie fürchten, dass Ihre Gelenke und Ihr Kreislauf nicht mitspielen? Auch diese Hürde lässt sich nehmen. Düsen Sie nicht gleich los wie ein Weltrekordler, sondern traben Sie geruhsam vor sich hin. Langsamer Dauerlauf ist übrigens ein vorzügliches Mittel, um überschüssiges Körperfett abzubauen. Nur eine extreme Abmagerungsdiät, die Sie über viele Monate durchhalten müssten, erzielt ähnliche Resultate. (Bei kürzeren Läufen in schnellem Tempo greift der Körper eher auf Kohlenhydrate in Blutbahn und Muskeln als rasch verfügbare Energiereserven zurück. Ein Mittelstreckenlauf eignet sich folglich, um zwei bis drei Stunden nach reichlichen Mahlzeiten vorzubeugen, dass sich die überzähligen Nährstoffe auf Bauch und Hüften ablagern.)

Sollten Sie so schlecht drauf sein, dass Ihnen selbst ein langsamer Lauf zu anstrengend ist, planen Sie ein Vierteljahr ein, um

Ihren Organismus an das Training zu gewöhnen. Am besten mit einem Programm, das schnelles Gehen und langsame Laufabschnitte kombiniert. Vorausgesetzt, Sie üben mindestens jeden zweiten Tag, könnte das Programm folgendermaßen aussehen:

1. Woche	30 Minuten flottes Gehen	
2. Woche	1 Minute laufen (als ob Sie den 200 Meter entfernten Bus noch erreichen wollten), dann 4 Minuten gehen	5- bis 6-mal wiederholen
3. Woche	2 Minuten laufen, 4 Minuten gehen	5-mal wiederholen
4. Woche	3 Minuten laufen, 3 Minuten gehen	5-mal wiederholen
5. Woche	5 Minuten laufen, 3 Minuten gehen	4-mal wiederholen
6. Woche	7 Minuten laufen, 3 Minuten gehen	3-mal wiederholen
7. Woche	8 Minuten laufen, 2 Minuten gehen	3-mal wiederholen
8. Woche	9 Minuten laufen, 1 Minute gehen	3-mal wiederholen
9. Woche	13 Minuten laufen, 2 Minuten gehen	2-mal wiederholen
ab 10. Woche	30 Minuten laufen	eventuell zwischendurch 1 Minute gehen

Damit Sie viel von Ihrem Training haben, empfehle ich Ihnen, als Anfänger noch folgende Hinweise zu beachten:

1. Wenn Sie über fünfzig oder nicht sicher sind, ob Sie organisch völlig gesund sind, konsultieren Sie einen Arzt und beraten Sie mit ihm, wie viel Training Sie sich zumuten können. Bedenken Sie: Sogar Herzinfarktpatienten profitieren von einem sanften Lauftraining.

2. Laufen Sie langsam. Sie sollten sich beim Joggen noch unterhalten können, ohne zu keuchen oder zu hecheln. Atmen Sie gleichmäßig durch die Nase ein und durch den Mund aus. Wenn Sie das wegen der Anstrengung nicht schaffen, drosseln Sie Ihr Tempo! Die Geschwindigkeit stimmt, wenn Sie bei kühler Außentemperatur leicht ins Schwitzen geraten.
3. Beim Laufen müssen Sie Ihre Füße über die gesamte Sohle abrollen. Klatschen Sie nicht flach mit dem ganzen Fuß auf. Ob Sie zuerst mit dem Fußballen oder erst mit der Ferse aufkommen, ist für Hobbyläufer egal. Achten Sie nur beim Kauf der Schuhe darauf, dass sie an dieser Stelle über eine ausreichende Dämpfung verfügen.
4. Überprüfen Sie nach einiger Zeit, an welchen Stellen sich die Sohlen Ihrer Laufschuhe besonders abnutzen. Ist die Abnutzung gleichmäßig, müssen Sie sich um Ihre Füße keine Sorgen machen. Kaufen Sie spätestens alle 1500 Kilometer neue Sportschuhe mit guter Dämpfung und abriebfester Sohle. Joggingschuhe zum Preis von 120 bis 180 Mark erfüllen diese Anforderungen. Nutzen Sie Ihre Schuhsohlen an den Innenseiten stärker ab, haben Sie einen Knickfuß. Sportmediziner sprechen von Überpronation. Der Handel bietet spezielle Laufschuhe für Sie an. Seltener ist ein Ablaufen der Außensohle (Supination). Auch dafür sind Laufschuhe zu haben.
5. Laufen Sie nicht auf zu weichem Boden. Es besteht die Gefahr, dass Sie sich die Achillessehne überdehnen. Asphalt ist weniger problematisch – vorausgesetzt, das Schuhwerk ist o. k. Am besten eignet sich eine Strecke mit wechselndem Untergrund.
6. Legen Sie für jede Woche im Voraus fest, an welchen Tagen Sie wann und wie lange trainieren. Feste Zeiten sind die beste Waffe gegen die innere Stimme, die zur Faulheit ermuntert. Lassen Sie sich weder vom Wetter noch von Ihrer körperlichen Tagesform davon abhalten hinauszugehen. Sie können Ihr Training immer noch abkürzen.

7. Steigern Sie Ihre Leistung nicht zu schnell. Erhöhen Sie vor allem nicht gewaltsam Ihr Tempo. Wenn Sie sich gut fühlen, können Sie einen kurzen Sprint einfügen. Vor allem: Verlängern Sie nicht künstlich Ihre Schrittlänge, das gefährdet die Gelenke. Am wichtigsten ist, dass Sie nach Ablauf der Eingewöhnungsphase mindestens dreimal in der Woche und nicht unter zwanzig Minuten trainieren. In den ersten Tagen müssen Sie mit Muskelkater rechnen. Er vergeht bald, wenn Sie Ihr Training regelmäßig fortsetzen. Sollten andere Beschwerden auftreten, insbesondere Schmerzen, die während des Laufens stärker werden, so ist das ein Zeichen für Überforderung. Hören Sie auf und konsultieren Sie einen Arzt! (Ich selbst hatte in meinen fünfzehn Jahren Training nie ernste Beschwerden, trotz meiner ungünstigen Voraussetzungen.)
8. Zwischen Ihrer letzten Mahlzeit und dem Training sollten mindestens eineinhalb Stunden vergangen sein. Trinken Sie ausreichend. Jogger bevorzugen ein Gemisch aus einem Drittel zuckerarmen Fruchtsäften und zwei Dritteln Mineralwasser.
9. Ziehen Sie sich nicht zu warm an. Die Kleidung sollte nicht Ihrem Empfinden zu Anfang, sondern nach dem dritten oder vierten Kilometer entsprechen. Es besteht sonst die Gefahr der Überhitzung. Kälte kann in den ersten Minuten unangenehm sein, ist aber ungefährlich. Es genügt, wenn Sie zuvor Ihre Muskeln erwärmen, zum Beispiel durch einen kurzen Lauf auf der Stelle in Ihrer Wohnung.
   Empfehlenswert sind auch Dehnübungen für Ihre Beine – vor dem Lauf («warm-up») je 5–8 Sekunden, nach dem Lauf («cool-down») je 20 Sekunden. Zum Beispiel:
   a) Sie setzen ein Bein lang gestreckt nach hinten, den Fuß glatt aufgesetzt, das andere bleibt vorn, mit gebeugtem Knie. Einige Sekunden halten und dann das Bein wechseln.
   b) Sie stehen auf einem Bein. Das andere umfassen Sie mit der Hand am Fußgelenk und ziehen den Fuß zum Ge-

säß. Einige Sekunden halten und dann das Bein wechseln.

c) Sie setzen den linken Fuß weit nach vorn, sodass das linke Bein im Knie durchgedrückt und gestreckt wird. Die linke Hüfte bleibt hinten. Das rechte Knie ist leicht gebeugt. Einige Sekunden halten und dann das Bein wechseln.

10. Meiden Sie möglichst Wettbewerbe oder individuelle Läufe gegen Stoppuhr und nach Kilometern. Ihr Ausdauertraining sollte eine stressfreie Zone bleiben. Vor allem dann, wenn Sie in Ihrem Berufsleben schon hart gefordert werden. Das einzige sinnvolle Leistungskriterium für Freizeitläufer ist die pro Woche im Lauftempo verbrachte Minuten- und Stundenzahl.

Regelmäßiges Joggen über viele Wochen kann Alterserscheinungen aufhalten und sogar rückgängig machen. Ein Lauftraining nach den genannten Empfehlungen zeigte bei einer Gruppe von Fünfzig- bis Siebenundachtzigjährigen ab der 42. Woche eine erhebliche Verbesserung der Sauerstoffversorgung aller Organe und Zellen. (Der Grad der Sauerstoffversorgung gilt als wichtiges Kriterium dafür, wie weit das biologische Altern fortgeschritten ist.) Außerdem bildeten sich Folgen körperlicher Unterforderung zurück (siehe Kapitel 4).

Joggen hilft außerdem bei Depressionen, weil der Körper vermehrt Endorphine, sogenannte Glückshormone, bildet. Der Freizeitsportler gerät nach längerem Lauf in einen euphorischen Zustand – ohne Drogen und ohne Abhängigkeit. Die meisten Lebensversicherungsgesellschaften nehmen auf den Zusammenhang von Laufen und Gesundheit Rücksicht. Wenn Sie in dem Fragebogen, der der Errechnung Ihrer individuellen Lebenserwartung dient, angeben können, dass Sie mindestens viermal pro Woche wenigstens dreißig Minuten Ausdauertraining betreiben, bekommen Sie für verschiedene Gesundheitsrisiken keine Minuspunkte mehr abgezogen, beispielsweise für: zu viel Schlaf, aggressiver oder empfindlicher Charakter, unglückliches Gemüt, leichtes Übergewicht, mäßig erhöhter Alkohol- oder Zigarettenkonsum.

Meine Lauftips sind für Anfänger gedacht. Wenn Sie längere Zeit dabei sind, werden Sie mehr erfahren und sich weitergehende Literatur zulegen wollen, in der Sie etwas über Möglichkeiten der Leistungssteigerung, Ernährung für Sportler sowie über Stretching-Übungen für Ihre Wirbelsäule und die Muskulatur lesen. Einige geeignete Buchtitel zur Auswahl: James F. Fixx: Das komplette Buch vom Laufen, S. Fischer Taschenbuch 1983; Ellen und Thomas Wessenhage: Laufen, BLV Verlagsgesellschaft München, Neuausgabe 1991; Herbert Jost: Laufen, rororo sport, 1994.

6. Kontakt und Kommunikation

Wer in Familie lebt, hat mindestens einen Menschen um sich, mit dem er reden und Gefühle austauschen kann. Alleinlebende müssen täglich neue Anstrengungen unternehmen, um mit anderen ins Gespräch zu kommen. Wer kontaktfaul ist, lebt in der Gefahr, sich binnen kurzem oder langem völlig zu isolieren.

Wer ins Single-Dasein eintritt, um einer belastenden Beziehung zu entfliehen, kann das Alleinsein durchaus genießen. Ebenso, wer von Berufs wegen täglich viele Kontakte pflegen muss und froh ist, wenn er sich in seiner einsamen Wohnung von den Anstrengungen des Gut-Wetter-Machens erholen kann. Allein sein ist also nicht automatisch ungesund. Es hängt von der Einstellung ab. Die einen sagen «Endlich allein!» und genießen die Abwesenheit ihrer Mitmenschen. Andere klagen «Ich bin ja so allein!» und warten auf den Prinzen oder die Fee, die sie aus der Einsamkeit erlösen.

Vom Ich zum Du: Wege aus der Einsamkeit

Das Wort «allein» bezeichnet nur den Zustand des Für-sich-Seins. Das Wort «einsam» informiert uns über die innere Befindlichkeit. Psychologen unterscheiden zwischen sozialer und emotionaler Einsamkeit, eine Einteilung die 1973 der amerikanische «Vater der Einsamkeitsforschung», Robert Weiss, eingeführt hat. Unter emotionaler Einsamkeit leiden besonders die unfreiwilligen Singles. Weil sie keinen Partner oder Partnerin haben, vermissen sie Wärme, Geborgenheit und Nähe. Sie fühlen sich oft traurig oder verzweifelt. Bei sozialer Einsamkeit fehlt es hingegen an lockeren, gesellschaftlichen Kontakten. Man wünscht, einer Gruppe zuzugehören. Diese Form des Einsamseins treibt Jugendliche in Sekten oder Subkulturen, Ältere in Vereine, Klubs und kontaktreiche Berufe.

Wer sich verlassen oder isoliert fühlt, versucht oft, die eine Form der Einsamkeit durch die andere zu kompensieren. Emotional Einsame ziehen von Party zu Party, um ihre Sehnsucht nach einem nahen Menschen zu verdrängen. Sozial Einsame klammern sich an ihren Partner, ohne ein eigenes, autonomes Leben zu führen. Singles fühlen sich im Durchschnitt einsamer als Verheiratete, aber die Unterschiede sind geringer als erwartet.

Auf einer Skala von 1,00 (überhaupt nicht einsam) bis 5,00 (völlig isoliert und vereinsamt) erzielten nach einer Studie der Berliner Einsamkeitsforscherin Nicola Döring Verheiratete den Wert 1,60, Ledige 1,71 und Verwitwete/Geschiedene 2,00. Je älter die Menschen werden, desto mehr nehmen beide Formen der Einsamkeit zu: Mit der Pensionierung gehen die beruflichen

Kontakte verloren, die Kinder führen ein eigenes Leben, nahe Freunde von früher werden ernsthaft krank und sterben, die Zahl der Witwen und Witwer wächst.

Diese Ergebnisse sagen nichts über die individuellen Unterschiede. Viele Singles, insbesondere in Karriereberufen, klagen über zu viele Kontakte. Umgekehrt fühlt sich manch Verheirateter in seiner Ehe isoliert. Schaut man genauer hin, so ist es auch nicht das Alter, das die Gefahr der Einsamkeit erhöht. Der Grundstein für Einsamkeit oder Kontaktfreude späterer Jahre wird in der Jugend gelegt. Wer Scheu hat, auf andere zuzugehen, wer lediglich minimale Beziehungen zu Arbeitskollegen und nahen Verwandten aufrechterhält, wer kaum Interesse an neuen Begegnungen zeigt, der wird mit hoher Wahrscheinlichkeit mit der Pensionierung vereinsamen. Wer dagegen gelernt hat, Gefühle zu zeigen, wer mal einen Korb riskiert und mit realistischen, nüchternen Ansprüchen an Freud und Leid von Beziehungen herangeht, läuft weniger Gefahr, sich von seinen Mitmenschen abzukapseln. Das Wichtigste sind aber der Mut, von sich aus den ersten Schritt auf andere zu zu wagen, und die tägliche Bereitschaft, vorhandene Kontakte zu pflegen.

Wie einsam sind Sie? Sehr, gelegentlich, so gut wie nie? Schauen Sie sich die folgenden Sätze an. Sie entstammen (in abgewandelter Form) einer von Daniel Russel 1978 in den USA entwickelten Skala. Je häufiger Sie den Aussagen voll oder zumindest teilweise zustimmen können, desto geringer ist Ihre subjektive Einsamkeit.

- Ich fühle mich wohl unter meinen Mitmenschen.
- Ich kenne einige Leute, an die ich mich wenden kann.
- Ich fühle mich nicht allein.
- Ich habe einen Freundeskreis.
- Es gibt Menschen, denen ich mich nahe fühle.
- Ich bin gesellig.
- Ich habe einige vertraute Freunde und nicht nur oberflächliche Kontakte.
- Ich habe mindestens einen Menschen, der mich genau kennt.

- Ich kann jederzeit mit anderen zusammen sein, wenn ich das will.
- Ich komme leicht mit anderen in Kontakt.
- Ich habe Menschen, bei denen ich mich aussprechen kann, wenn mir danach zu Mute ist.
- Ich habe mit den Menschen um mich herum viele gemeinsame Interessen und Ansichten.

Je weniger diese zwölf Aussagen auf Sie zutreffen, desto mehr sollten Sie für die Verbesserung Ihrer Kontakte tun – Ihrem eigenen Wohlbefinden zuliebe.

Kleine Kontaktschule für Ältere

Mit Fünfzig sind die Zeiten vorbei, da sich die Kontakte in einer Clique von Gleichgesinnten wie von selbst ergaben. Ein Freund von mir sagte mit Anfang Zwanzig:

> «Mädchen kennen lernen? Kein Problem. An der Uni laufen genug herum. Fast jeden Tag komme ich im Studentencafé mit einer ins Gespräch.»

Fünf Jahre später, als er im Berufsleben stand, als jüngster Kollege unter lauter älteren Männern, rief er mich an:

> «Sag mal, du beschäftigst dich doch mit Kommunikation? Erzähl mir mal, wie ich bei meiner jetzigen Lebensweise am besten Frauen kennen lerne.»

Je älter Sie werden, desto wichtiger wird der Grad Ihrer Kontaktfreudigkeit für Ihr Wohlbefinden. Wer scheu und gehemmt ist, fällt schnell in Einsamkeit. Wirken Sie dagegen offenherzig, zugänglich und interessant, wird es Ihnen weder an Freunden noch an Liebesaffären mangeln. In jungen Jahren stehen Ihnen Diskotheken, Bars und Single-Partys als Kontaktbühnen offen. Später sind Sie fast ausschließlich auf den Alltag angewiesen, um neue Begegnungen zu erleben: der Arbeitsplatz, öffentliche Verkehrsmittel, Urlaubsbekanntschaften, Bibliotheken, Theater oder Hobbykurse. Als Mittfünfziger werden Sie kaum noch Erfolg haben, wenn Sie eine 50-Jährige (oder noch schlimmer: eine 20-Jährige) in der U-Bahn ansprechen und unumwunden um ein Rendezvous bitten – schon weil Sie beide sich fürchten, sich vor den anderen Fahrgästen lächerlich zu machen. Aber Sie können ohne weiteres eine Unterhaltung beginnen und die Telefonnummern tauschen, um ein interessantes Gespräch über die Pflege von Rosen oder die besten Geldanlagen bei anderer Gelegenheit fortzusetzen. Mit über vierzig mag Ihr Sexappeal nachgelassen haben, dafür genießen Sie eine Reihe anderer Vorteile.

- Sie sind in einem Alter, wo man Sie im Allgemeinen mit Respekt behandelt. Es wird Ihnen kaum noch passieren, dass der/die Angesprochene Sie von oben bis unten mustert und mit einem Grinsen abblitzen lässt. (Es sei denn, Sie hätten sich an Teenager herangemacht.)
- Sie haben mittlerweile genug Persönlichkeit entwickelt, um stets ein paar Gesprächsthemen parat zu haben.
- Sie können Schüchternheit durch Erfahrung ausgleichen.
- Als Frau können Sie – einen geeigneten Gesprächseinstieg vorausgesetzt – einen Mann ansprechen, ohne gleich als nymphoman abgestempelt zu werden.

Sie werden Kontakte auch nicht mehr allein danach bewerten, wie schnell sie Ihnen zu einem aufregenden Liebesabenteuer oder zur Frau/zum Mann Ihres Lebens verhelfen. Gleichgesinnte kennen zu lernen für Gespräche, Treffs und Unternehmungen wird wichtiger als früher. Um dabei Erfolg zu haben, benötigen Sie dreierlei:

1. Eine kontaktfreudige innere Einstellung;
2. den Mut, auf Fremde zuzugehen und den ersten Schritt zu wagen;
3. Verhaltensweisen, die Vertrauen, Sympathie und Interesse wecken.

Die **innere Einstellung** kontaktfreudiger Leute umfasst folgende Merkmale:

- Sie kennen ihre Stärken. Sie mögen sich selbst und bekennen sich zu ihren Ansprüchen. Deshalb äußern sie ihre Wünsche deutlich und unumwunden, statt zu schweigen oder sich in unklaren Andeutungen zu verlieren.

- Sie sind ständig an guten Beziehungen zu ihren Mitmenschen interessiert, nicht nur dann, wenn sie gerade etwas von ihnen wollen. Sie geben sich stets zugänglich und freundlich. Sie kapseln sich nicht ab.
- Sie sind hartnäckig. Von Zurückweisungen lassen sie sich nicht entmutigen, weil sie einen Korb nicht persönlich nehmen. Die Gründe für die Ablehnung können ja auch beim andern liegen. Deshalb geben sie nie auf. Sie probieren immer wieder neue Strategien aus, um ihre Ziele zu erreichen.
- Sie erholen sich schnell von Misserfolgen und gescheiterten Kontaktversuchen. Dies zeigt sich in ihrer Stimme und in ihrer Körperhaltung. Sie gestehen sich selbst Fehler zu und versuchen nicht, perfekt zu wirken. Wenn sie sich geärgert haben, dann tragen sie nicht den ganzen Tag ihren Frust zur Schau.
- Wenn andere ihnen geholfen haben, zeigen sie Freude und Dank. Sie geizen nicht mit Lob und Anerkennung und verstehen es, andere zu motivieren und zu begeistern.
- Sie sind neugierig auf andere. Sie sind stets an Menschen interessiert und versuchen, sich in sie einzufühlen. Sie hüten sich, neue Bekannte in eine Denkschublade einzuordnen. Aus diesem Grunde machen sie gekonnte Komplimente. Das heißt, sie loben Eigenschaften, die für diese spezielle Person charakteristisch sind, statt Allgemeinplätze von sich zu geben, die für tausend andere genauso zutreffen.
- Sie sind ausgezeichnete Zuhörer. Ihr bestes Gesprächsthema sind Fragen nach den Erfolgen ihrer Gesprächspartner. Sie geben ihnen Gelegenheit, über das zu reden, worauf sie stolz sind. Sie sind wohlwollend, aber nicht aufdringlich.

Im Alter fällt es zunehmend schwerer, seine innere Einstellung zu andern. Wir altern geistig. Unter anderem dadurch, dass unser Charakter sich verfestigt, seine Flexibilität verliert. Schon unserer Gesundheit zuliebe sollten wir daher einiges unternehmen, um unsere Einstellung mobil zu halten. Das gelingt Ihnen in zwei Schritten:

1. Sie prägen sich die Einstellungen, die Sie sich zu eigen machen wollen, genau ein.
2. Sie setzen sie so oft wie möglich im Alltagsverhalten um und loben sich jedes Mal, wenn es Ihnen gelingt.

Das Haupthindernis bei der Umsetzung ist der fehlende **Mut, den ersten Schritt zu wagen.** Hemmungen auf dem Weg zu anderen sind nichts Ungewöhnliches. Wir haben als Kind gelernt, dass man vor Erwachsenen nicht ungefragt den Mund aufmacht, und dieses Verbot verinnerlicht. Viele von uns fürchten sich auch vor Zurückweisung. Überlegen Sie sich: Was kann Ihnen schlimmstenfalls passieren? Ein Unbekannter oder eine Unbekannte lässt Sie mit kaltem Blick abfahren oder ignoriert Sie völlig. Zugegeben, das tut weh. Aber was hindert Sie, sich zurückzuziehen und einen neuen Versuch mit jemand anderem zu wagen? Sie sehen die oder den, der sie abblitzen ließ, höchstwahrscheinlich nie wieder. Die abweisende Person hat vielleicht nur einen schlechten Tag gehabt oder einfach Ihre Qualitäten nicht zu schätzen gewusst. Um den Mut zu finden, locker auf andere zuzugehen, benötigen Sie ein paar positive Erfahrungen, dann wird es von Mal zu Mal leichter. Die verschaffen Sie sich mit einigen Übungen:

- Gehen Sie eine halbe Stunde an einen belebten Ort, zum Beispiel in eine Geschäftsstraße, und sagen Sie mit freundlichem Gesicht mindestens zehn Unbekannten «guten Tag». Einige werden zurückgrüßen, einige verwundert überlegen, woher Sie sich kennen, die Übrigen werden nicht reagieren. Sollte Sie jemand fragen, wieso Sie ihn/sie grüßen, können Sie antworten: aus Sympathie oder Sie hatten den Eindruck, Sie seien sich schon einmal begegnet. Auf keinen Fall entschuldigen Sie sich!
- Grüßen Sie in Zukunft alle Menschen, die Sie nur flüchtig kennen (Postfrau, Kioskverkäufer, Kollegen aus anderen Abteilungen), und wechseln Sie mit ihnen ein, zwei Sätze über das Wetter oder über ihre Tätigkeit. Oder stellen Sie unverfängliche Fragen. Sie wissen schon: Wann die Schicht der Zei-

tungsausträgerin beginnt, ob es im Kiosk zieht, ob die Verkäuferin beim Bäcker eigentlich noch Süßes essen mag. Zeigen Sie echtes Interesse. Verabschieden Sie sich mit einem freundlichen «Bis morgen».

- Sprechen Sie nun Menschen an, zum Beispiel in Wartezimmern oder in der Warteschlange des Supermarktes. Fragen Sie zum Beispiel, wo sie eine bestimmte Ware, die Sie in deren Einkaufskorb entdecken, gefunden haben oder wie der Wein, den sie kauften, schmeckt. Bedanken Sie sich für die Auskunft.
- Um bei der Kontaktaufnahme am Telefon sicherer zu werden: Rufen Sie in einer Behörde oder anderen öffentlichen Institutionen an und bitten Sie freundlich um eine spezielle Auskunft. Fragen Sie zum Beispiel in einer Bibliothek nach der Einwohnerzahl der USA. Geben Sie eine kurze Begründung, warum Sie diese Auskunft brauchen, und bedanken Sie sich freundlich, wenn man Ihnen hilft.
- Gehen Sie in ein Geschäft und sagen Sie wörtlich: «Würden Sie mir diesen Zwanzigmarkschein in einen Zehner und Münzen wechseln?» Machen Sie das so oft, bis es Ihnen nichts mehr ausmacht, abgewiesen zu werden.
- Fahren Sie in ein Stadtviertel außerhalb Ihrer Wohngegend und spielen Sie für eine Stunde Tourist. Erkundigen Sie sich bei Passanten nach Sehenswürdigkeiten, Verkehrsverbindungen und Restaurants.
- Und hier noch eine Übung für Fortgeschrittene: Ziehen Sie sich gute Sachen an (Anzug oder Kostüm), sodass Sie seriös wirken. Bewaffnen Sie sich mit Kugelschreiber und Notizblock und starten Sie in einer belebten Geschäftsstraße Ihre private Meinungsumfrage. (Vermeiden Sie den späten Nachmittag und den Samstagvormittag, wenn alle es eilig haben.) Sagen Sie, Sie recherchierten für ein Buch, und fragen Sie: «Was tun Sie, wenn Sie schlechte Laune haben, um wieder in Stimmung zu kommen?» Oder: «Was halten Sie vom Single Dasein?» Lassen Sie sich die Antworten begründen und bedanken Sie sich freundlich für die Auskünfte.

Mit diesen Übungen werden Sie in wenigen Wochen locker und senken Ihre Hemmschwellen. Wenn Sie jetzt noch Ihr **Kontaktverhalten** optimieren, werden Sie nie wieder allein sein, wenn Sie es nicht wollen.

Ihr äußeres Erscheinungsbild ist nicht so wichtig. Deospray, Seife und saubere Sachen ohne Risse und Löcher sind natürlich Voraussetzung. Ansonsten wählen Sie Kleidung, in der Sie sich wohl fühlen. Geben Sie sich natürlich. Versuchen Sie nicht, die Rolle eines Partylöwen zu spielen, wenn das nicht Ihrem Wesen entspricht. Solche Täuschungsmanöver werden schnell durchschaut. Bemühen Sie sich lediglich,

- ein freundliches Gesicht zu machen. Das gelingt Ihnen leicht, wenn Sie an etwas Heiteres denken.
- Blickkontakt aufzunehmen. Lassen Sie dabei die Augen über das Gesicht Ihres Gegenübers wandern, aber starren Sie niemanden unverwandt an.

Das Wichtigste jedoch ist, dass Sie Ihre Kontakte systematisch aufbauen und pflegen. Sie wollen doch Qualität und nicht bloße Quantität, oder? Aus den USA kommt dafür der Begriff des Netzwerkes. Darunter versteht man ein gezielt aufgebautes Beziehungsgeflecht, dessen zentraler Knoten Sie sind. Ein solches Netz verbindet Leute verschiedenster Couleur. Die einen tragen Ihnen Informationen zu, an die kein anderer herankommt. Andere öffnen Ihnen Türen, die Ihnen früher verschlossen blieben. Zu der einen Freundin gehen Sie, um sich auszusprechen, wenn Ihnen die Seele brennt, die andere ist Ihr perfektes Medium für Klatsch und Tratsch. Nicht zu vergessen Bekannte für gemeinsame Unternehmungen, Babysitter, Schulfreunde und lockere Geschäftskontakte. Überlegen Sie also zunächst, was für Leute Sie kennen lernen wollen und wo Sie sie aller Voraussicht nach treffen können. Dann gehen Sie dorthin.

«Anbaggern», wie geht das? Jeder Kontakt vollzieht sich in drei Schritten.

- Sie müssen auf die betreffende Person zugehen;
- Sie denken sich einen «Köder» aus;

- Sie und Ihr Köder müssen interessant genug für die Zielperson sein, dass sie Sie auch kennen lernen will.

Über den ersten Schritt haben wir schon gesprochen. Wenn Sie auf einer Party sind, können Sie auch den Gastgeber oder die Gastgeberin bitten, Sie vorzustellen. Das Wichtigste ist der Köder. Ihr Gegenüber wird sich genau wie Sie überlegen, ob sich ein Kennenlernen lohnt. Davon muss der Köder sie oder ihn überzeugen. Privat oder geschäftlich – am einfachsten überzeugt man, wenn man einen Nutzen für den andern zu bieten hat. Wie könnte so ein Nutzen aussehen? Geschäftlich kein Problem. Sie zeigen sich als potentieller Kunde. Fragen Sie nach den Produkten oder Dienstleistungen, die der andere zu bieten hat. (Fragen sind übrigens fast immer der beste Gesprächseinstieg.) Erkundigen Sie sich nach seinen Berufserfahrungen. Dann nennen Sie ein persönliches Problem und bitten um Rat.

Der ideale Ort, um bei Partys mit Leuten ins Gespräch zu kommen, ist übrigens die Küche. Aus Bemerkungen wie «Auch mal raus aus dem Qualm?» oder «Ob sich im Kühlschrank ein kaltes Mineralwasser findet?» lässt sich leicht eine Unterhaltung entwickeln. Außerdem können Sie dort eher damit rechnen, selbst angesprochen zu werden.

In privater Unterhaltung sind gemeinsame Ansichten oder Hobbys ideale Köder. Gute Partygastgeber erleichtern die Anfangsschwierigkeiten eines Gesprächs, indem sie etwa sagen: «Frau X ist übrigens auch eine leidenschaftliche Köchin.» Nach einer solchen Vorgabe brauchen Sie nur noch nachzuhaken: «Das finde ich interessant. Was kochen Sie denn am liebsten?» Danach läuft die Unterhaltung von selbst. Nur keine tiefschürfenden intellektuellen Gespräche zu Anfang! Smalltalk genügt völlig, auch wenn der andere Professor für Physik ist und Sie den Doktor der Philosophie in der Tasche haben. Wenn Sie sich auf der Party selbst vorstellen müssen, sagen Sie zunächst freundlich «Hallo», nennen Ihren Namen und fragen nach dem Namen Ihres Gegenübers. Dann haken Sie nach: «Woher kennen Sie unseren Gastgeber?» In der Antwort suchen Sie Anknüpfungspunkte für gemeinsame Interessen, über die Sie sich dann lange unterhalten können.

Schwieriger wird es außerhalb von Partys, Empfängen und Geschäftsverbindungen. Da ist Phantasie gefragt. Wenn Sie nichts über den anderen wissen, machen Sie die Situation und Ihr Interesse an Ihrem Gegenüber zum Gesprächsaufhänger. Nutzen Sie dabei Ihre speziellen Stärken. Nehmen wir an, Sie kennen sich in der schöngeistigen Literatur aus. Fahren Sie mit der U-Bahn und schauen Sie, was die Leute lesen. Neulich sah ich dort eine junge Frau, die in den «Schimmelreiter» von Storm vertieft war. Ich fragte sie: «Reitet er gerade über den Deich?» Sie lachte und sagte: «So weit bin ich noch nicht.»

Nach so einem Anfang brauchen Sie das Gespräch nur noch am Laufen zu halten. Sie könnten fragen, wie Storm ihr gefällt, was sie sonst so liest, und zwischendurch einige eigene Leseerfahrungen einblenden. Am Ende bedanken Sie sich für das nette Gespräch, erkundigen sich nach dem Namen der neuen Bekanntschaft, schenken ihr eine Visitenkarte und sagen, dass Sie sich über einen Anruf freuen würden, um das nette Gespräch fortzusetzen. Sie dürfen auch Ihrerseits nach der Telefonnummer fragen oder eine Wiederbegegnung vorschlagen, müssen aber damit rechnen, dass die Nummer falsch ist beziehungsweise dass Sie versetzt werden.

Was aber, wenn Sie kaum Gelegenheit zu neuen Begegnungen haben, entweder weil Sie abgeschieden auf dem Lande leben oder Ihnen in Beruf und Freizeit kaum interessante Leute unter die Augen kommen? Dann aktivieren Sie alte Bekanntschaften. Überlegen Sie sich, von welchen ehemaligen Kollegen, Freunden oder Mitschülern Sie noch Anschriften oder Telefonnummern haben. Rufen Sie an, schreiben Sie, interessieren Sie sich für deren heutiges Leben. Nach einigen Fernkontakten schlagen Sie ein Wiedersehen vor. Dabei geht es nicht nur darum, die alte Bekanntschaft aufzufrischen, sondern über diese Kontakt zu anderen Personen zu erhalten. Wenn Sie einige Verbindungen geknüpft haben, geben Sie eine Party und laden alle ein. Die meisten werden sich mit einer Gegeneinladung revanchieren, und Sie brauchen nur noch die Tipps für das Kennenlernen auf Partys (drei Absätze weiter vorn) zu beherzigen.

Kontakte schließen aber genügt nicht. Sie müssen sie auch pflegen – per Telefon, per Brief und durch persönliche Treffen. Sie wissen, wie es oft geht. Man hat sich auf einer Party kennen gelernt, Visitenkarten ausgetauscht und sich gegenseitig versichert: «Wir müssen unbedingt in Verbindung bleiben.» Und dann doch nicht die Zeit gefunden anzurufen? Oder keinen vernünftigen Grund gefunden, der einen Anruf rechtfertigt?

Bringen Sie etwas Systematik in Ihre Beziehungspflege. Dafür gibt es eine einfache Methode. Genehmigen Sie sich pro Woche ein bis zwei Stunden Zeit, in denen Sie nichts weiter tun, als Ihre Bekanntschaften zu pflegen. Beschließen Sie, pro Woche mit zehn Personen aus Ihrem Adressenverzeichnis Kontakt aufzunehmen. Und zwar zusätzlich zu den Leuten, denen Sie ohnehin jeden Tag begegnen. Die Kollegen zählen also nicht mit. Sie können pro Tag ein oder zwei kontaktieren oder zweimal in der Woche fünf. Entscheidend ist die Konstanz Ihrer Bemühungen. Zu wem Sie am Telefon sofort einen Draht finden, den rufen Sie an oder hinterlassen eine freundliche Botschaft auf dem Anrufbeantworter, etwa so:

> «Hallo … (unbedingt Ihren Partner mit Namen ansprechen!). Hier ist … (Ihr Name). Ich habe mich gerade an unser interessantes Gespräch bei … erinnert. Ich möchte gern wissen, was du zu … (ein Sachverhalt, den Sie damals nicht ausdiskutierten) meinst. Bitte ruf mich an.»

Eine originelle Variante ist ein kurzer Brief gleichen Inhalts. Im Zeitalter weltweiter Telekommunikation ist das Briefeschreiben ein wenig aus der Mode gekommen. Zu Unrecht. Erinnern Sie sich, wie Sie sich das letzte Mal gefreut haben, als ein halb vergessener Bekannter Ihnen eine Karte schrieb? Die gleiche Begeisterung können Sie bei andern hervorrufen, indem Sie ihnen schreiben. Briefe sind sehr praktisch, wenn Sie fürchten müssen, im unpassenden Moment anzurufen, oder gerade keine Lust auf eine Unterhaltung haben. Sie überlassen es der anderen Person, Sie anzurufen.

Mit dieser Methode erweitern Sie Ihren Bekanntenkreis enorm, ohne einen Riesenaufwand zu betreiben. Nehmen wir an, in Ihrem Adressbuch stehen nach einiger Zeit vierzig Leute außer Ihren Kollegen und Nachbarn. Dann werden Sie mit jedem in weniger als sechs Wochen einmal Kontakt aufgenommen haben. (Wer sich nach drei Versuchen – in unserem Beispiel also zwölf Wochen nach Ihrem ersten Brief oder Anruf – nicht meldet, den können Sie wahrscheinlich aus Ihrem Adressbuch streichen.) Versuchen Sie zusätzlich, jede Person, mit der Sie in lockerer Verbindung stehen, wenigstens einmal im Jahr persönlich zu treffen. Bei weit entfernt Wohnenden wird das nicht immer möglich sein. Zum Ausgleich treffen Sie wichtige Freunde öfter. Ohne gelegentliche Begegnung schlafen die Kontakte nach einiger Zeit ein.

Vom Smalltalk zum intimen Geflüster: die wichtigsten Kommunikationsregeln

Um bei einer neuen Bekanntschaft Aufmerksamkeit zu erregen, genügt vielleicht ein originelles Outfit oder ein Hobby, das aus dem Rahmen des Üblichen fällt. Schwieriger wird es, auf Dauer ein origineller Gesprächspartner zu bleiben. Eine Voraussetzung ist eine wache Neugier für das Leben ringsumher und Begeisterungsfähigkeit, sodass man immer etwas Spannendes zu erzählen hat. Noch wichtiger aber ist es, seine Gedanken und Erlebnisse unterhaltsam darzubieten und die Partner zu ermuntern, in gleicher Weise von sich zu erzählen. Diese Kommunikationskompetenz ist nicht jedem gegeben. Aber zum Glück hält die Psychologie eine Reihe bewährter Gesprächsmethoden und -techniken bereit, auf die wir uns verlassen können, wenn das Gespräch mit unseren neuen Bekanntschaften ins Stocken gerät.

Gut zuhören. Die wirksamste Art, sich beliebt zu machen, besteht darin, überhaupt nicht viel zu sagen, sondern anderen Raum zu lassen, um sich darzustellen. Sie wissen sicher aus eigener Erfahrung, wie angenehm es ist, aufmerksame Zuhörer zu haben, die Interesse an Ihren Worten zeigen und Sie nicht unterbrechen. Die gleiche Sympathie erzielen Sie bei Ihren Partnern, wenn Sie Ihren Mitteilungsdrang zügeln. Gespräche verlaufen umso intensiver, je gleichmäßiger die Redeanteile verteilt sind. Lassen Sie Ihrem Partner einen kleinen Vorsprung, und Sie werden als Kommunikationspartner gesucht sein.

Diese Wirkung können Sie steigern, indem Sie den Sprechenden interessiert anschauen. Dauernder Blickkontakt zeigt Ihr

Interesse an. Nicken Sie ab und zu und werfen Sie kurze beipflichtende Bemerkungen wie «Aha», «Hm», «Interessant» oder «Ich verstehe» ein.

Es fällt Ihnen schwer, Ihre Ungeduld zu zügeln, wenn Ihnen zu den Bemerkungen Ihres Partners ein treffender Kommentar einfällt? Machen Sie einen Test! Zwingen Sie sich beim nächsten Mal versuchsweise, Ihren Einwurf zu unterdrücken. Merken Sie sich, was Sie sagen wollten, und warten Sie, bis das Wort an Sie fällt. Ist Ihr Einwurf jetzt noch so wichtig wie zu dem Zeitpunkt, als Sie den andern unterbrechen wollten? Ist dem Gespräch tatsächlich etwas verloren gegangen? Wahrscheinlich werden Sie nun lieber an dem zuletzt Gesagten anknüpfen wollen, als auf Früheres zurückzukommen.

Bestätigen. Geben Sie gelegentlich eine Rückmeldung, dass Sie nicht nur zuhören, sondern das Gesagte auch verstanden haben. Zu diesem Zweck greifen Sie die letzte Bemerkung Ihres Partners auf, wiederholen sie mit eigenen Worten und versuchen die Gefühle in Worte zu fassen, die in der Äußerung mitschwingen. «Sie sind also noch einmal zurückgegangen. Bestimmt fühlten Sie sich nicht wohl in Ihrer Haut.» Oder: «Ihr Kollege ist also mit der Sache zu Ihrem Chef gerannt und hat ihm alles brühwarm berichtet. Ich nehme an, Sie waren stinksauer.» Eine solche Reaktion veranlasst die erzählende Person, den Sachverhalt genauer zu erläutern. Mit andern Worten: sich Ihnen tiefer anzuvertrauen. Und das, obwohl Sie neutral reagiert haben. Denn in Ihrer Bestätigung haben Sie nur gesagt, dass Sie zuhören und sich um Verständnis bemühen, nicht aber, dass Sie sich in der fraglichen Angelegenheit genauso verhalten hätten wie Ihr Gegenüber. Sie haben weder positiv noch negativ Stellung bezogen.

Fragen statt argumentieren. In Vertreterkreisen gibt es ein Sprichwort: Wer fragt, der führt, wer argumentiert, verliert. Fragen zeigen Interesse und Wertschätzung an. Wer gefragt wird, fühlt sich wegen seiner Erfahrungen und seines Wissens geschätzt. Argumente enthalten dagegen immer die unausgesprochene Botschaft: «Darüber weiß ich besser Bescheid als du.» Ein kluger Verkäufer weiß, dass es nicht viel bringt, seinen Kunden die Vorzüge seines Produktes anzupreisen, sondern dass er besser fährt, wenn er sich erkundigt, was sein Kunde von der Ware erwartet, die er zu erwerben beabsichtigt. Dann kann er sich darauf beschränken, ihm zu zeigen, dass sein Angebot den Erwartungen des Kunden entspricht. Und der Kunde fühlt sich als König.

Sie sind in einer vergleichbaren Situation. Sie wollen sich als sympathische und kompetente Person «verkaufen». Fragen sind besonders bei Meinungsverschiedenheiten eine wirkungsvolle Kommunikationstechnik. Statt mit Ihrem Partner um die Wette zu argumentieren, ohne dass einer von Ihnen sich geschlagen gibt, fragen Sie – statt zu widersprechen – nach den Gründen für seine abweichende Ansicht. Dadurch erfahren Sie erstens, warum Ihr Gegenüber anders denkt als Sie, und zweitens haben Sie sich als tolerante Person erwiesen, die fremde Meinungen ernst nimmt.

Fragen, aber kein Verhör. Hüten Sie sich jedoch vor dem anderen Extrem, Ihre Gesprächspartner nach persönlichen Dingen auszufragen. Wie viel verdienen Sie? Wollen Sie Kinder? Woran ist Ihre letzte Beziehung gescheitert? Klar, dass Sie diese Dinge interessieren, aber es gehört eine gewisse Vertrauensbasis dazu, die allmählich wachsen muss, um die Antworten auch zu bekommen. Um mit der Fragetechnik Erfolg zu haben, helfen folgende Hinweise:

- Stellen Sie nur eine Frage auf einmal. (Bei mehreren Fragen zugleich wird in der Regel nur eine beantwortet, meistens die letzte.)
- Stellen Sie keine Frage aus heiterem Himmel, sondern knüpfen Sie inhaltlich am zuletzt Gesagten an.
- Stellen Sie nach Möglichkeit offene Fragen. Als offene Fragen bezeichnet man solche, in denen die Antwortrichtung nicht vorgegeben wird. Das sind in der Regel Fragen, die mit einem

Fragewort (Warum? Wie? Woher?) anfangen. Das Gegenteil sind geschlossene Fragen. Sie lassen meist nur eine kurze Antwort zu und lassen daher das Gespräch leicht ins Stocken geraten. Ein Beispiel soll deutlich machen, was ich meine. Wenn Sie die geschlossenen Fragen stellen: «Hattest du eine gute Fahrt?», so wird die Antwort kurz ausfallen: «Ja», «Nein» oder «Danke, es geht». Formulieren Sie Ihre Frage dagegen in die offene Form um, so lautet sie: «Wie war deine Fahrt?» Wer einsilbig ist, antwortet vielleicht auch nur: «Danke, es geht.» Die meisten werden aber die Gelegenheit nutzen, über Staus, Kälte und Parkplatzschwierigkeiten zu berichten.

- Begründen Sie, warum Sie fragen. Damit geben Sie zu erkennen, dass nicht pure Sensationslust oder die Missachtung der Intimsphäre des andern Sie antreibt, sondern dass Sie sich bemühen, den Partner besser zu verstehen. Beispiel: «Warum …? Ich frage, damit ich begreife, weshalb dich diese Sache immer noch beschäftigt.»

Namen nennen. Passen Sie auf, dass Sie sich gleich den Namen Ihrer neuen Bekanntschaft merken. Wenn Sie ihn nicht mitbekommen haben, fragen Sie ruhig nach. Ihr Interesse wird garantiert positiv gewertet, denn jeder weiß aus eigener Erfahrung, wie schwer es ist, neue Namen mitzubekommen und zu behalten. Und sprechen Sie während der Unterhaltung immer wieder mal Ihr Gegenüber mit dem Namen an. Dadurch gelangt ein persönliches Element in das Gespräch. Er schafft ein vertrautes Klima. Außerdem sind Sie so dagegen gefeit, dass Sie im Wirbel der neuen Eindrücke den Namen gleich wieder vergessen.

Persönlicher Stil. Wer unsicher ist, verbirgt seine Ansprüche gern hinter Allgemeinheiten. Beispielsweise ein Vorgesetzter, der bei der Dienstberatung sagt: «Jemand müsste mal in die Stadt fahren und sich anschauen, ob unsere Werbeplakate auch bemerkt werden.» Oder: «Wir müssten uns Gedanken über neue Zielgruppen machen.» Oder gar: «Man sollte dem östlichen Markt erhöhte Aufmerksamkeit widmen.» Unklare Aufforderungen, die sich an unbestimmte Subjekte wie «jemand», «man» oder «wir» richten, haben nur eine Konsequenz: Die Mitarbeiter werden den Kopf einziehen und hoffen, dass der Kelch an ihnen vorübergeht.

Sprechen Sie stets von «ich» und «du» (beziehungsweise «Sie»). Sagen Sie nie zu Ihrem Kind: «Das tut man nicht»; oder zu Ihrer neuen Bekannten: «Wir sollten das Gespräch bei Gelegenheit fortsetzen.» Dann wird die Bekannte antworten: «Das sollten wir», Sie beide gehen mit dieser unklaren Absichtserklärung auseinander und hören nie wieder etwas voneinander. Sagen Sie lieber: «Ich fände es schön, das Gespräch mit Ihnen fortzusetzen. Haben Sie nächste Woche Zeit?»

Gesprächsthemen und Tabus. Manche Leute meiden Stehempfänge, weil sie der Kunst des Smalltalks, des Geplänkels über oberflächliche Themen nichts abgewinnen können. Um mit Fremden in eine tiefer gehende Diskussion einzusteigen, müssen Sie erst einmal wissen, wer Ihnen gegenübersteht. Für Ihre originellen Gedanken über die aktuelle Bedeutung der Philosophie Heideggers finden Sie immer noch Gelegenheit, wenn Sie sich zuvor verständigt haben, dass Sie beide, was den Existentialismus betrifft, auf einer Linie liegen und dieses Interesse alle anderen Themen überstrahlt. Vorher ist Smalltalk angesagt, also die Kunst der leichten Konversation, die intime und heikle Gebiete ausspart und deshalb auch mit Unbekannten ohne tiefere Vertrauensbasis gelingt. Entscheidende Voraussetzungen für diese Kunst sind Interesse am Mitmenschen, Aufgeschlossenheit und positive Neugierde. Richtig angewandt ist sie die beste Möglichkeit, neue Beziehungen anzuknüpfen oder wenigstens einige abwechslungsreiche Minuten zu erleben.

Ist es nicht peinlich, völlig fremde Personen nach ihren Angelegenheiten zu fragen? Gisela Tautz-Wiessner, erfolgreiche Trainerin in Sachen gutes Benehmen, empfiehlt in ihrem Buch «LebensArt» (Ullstein Verlag 1993) folgende Themenbereiche für das erste Kennenlernen:

- Wohnort, Land, Stadt(-viertel), Straße
- Familienstand und Kinder
- Haustiere und Tiere allgemein
- Beruf, Tätigkeit, Studium, Ausbildung
- Hobbys, Freizeitbeschäftigung, Sport
- Urlaub, Reisen.

Dabei darf das Gespräch nicht in ein Abfragen abgleiten (kein Verhör), sondern Sie nehmen den Faden auf, stellen eine Verständnisfrage und sagen Ihre Ansicht, ohne sie als einzig richtige auszugeben. Einsilbige Ja-/Nein-Antworten ohne Zusatz vermeiden Sie. Wenn es Ihr Gegenüber genauso hält, werden Sie keine Schwierigkeiten haben, gemeinsame Interessen zu finden und an diesen Stellen die Unterhaltung zu vertiefen. Gerät das Gespräch ins Stocken, warten Sie einige Sekunden. Meist nimmt der andere von sich aus die Unterhaltung wieder auf. Wenn nicht, stellen Sie eine Frage. Für die ersten Kontakte wenig geeignet bis tabu sind nach Ansicht von Frau Tautz-Wiessner und anderer Benimmexperten folgende Themen:

- Politik
- Religion
- Krankheiten
- Kritik am Essen oder den Gastgebern
- Ehe- oder Partnerschaftsprobleme
- Geld und Geschäfte.

Fast alle Tabus kennen Ausnahmen. Auf einem Parteitreffen wird natürlich von Politik gesprochen, allerdings sollten Sie mit abweichenden Ansichten vorsichtig sein. Eheprobleme und Geschäfte können ein Gesprächsthema werden, wenn Ihr Gegenüber ein Fachmann oder eine Fachfrau ist, für deren Erfahrung Sie sich interessieren. Ihr Fingerspitzengefühl entscheidet, wie weit Sie ins Detail gehen. Sie sollten beispielsweise niemals einem Arzt auf einer Party Ihre Krankengeschichte schildern. Verpönt sind auch Rechthaberei und das Auffallenwollen um jeden Preis. Sie haben sicher schon einmal unangenehme Gäste beobachtet, die mit Theatralik, Kreischen, hysterischen Lachanfällen oder dem Erzählen von abgestandenen Witzen versuchten, auf sich aufmerksam zu machen.

Zurückhaltung bei Klatsch und Tratsch. Durch die neuesten Skandalgeschichten über gemeinsam bekannte Abwesende lässt sich Verbundenheit, Informiertheit und rege Anteilnahme am Leben anderer demonstrieren. Beim Lästern können sich nach wenigen Minuten zwei vorher Fremde wie halbe Verschwörer vorkommen. Aber übertreiben Sie es nicht. Irgendwann fragt sich Ihre neue Bekanntschaft vielleicht, wann und bei welcher Gelegenheit *sie* bei Ihnen durchgehechelt wird. Sie wissen: Der Mensch liebt den Verrat, aber nicht den Verräter. Hören Sie ruhig und mit Wohlwollen zu, wenn über Abwesende getratscht wird, aber beteiligen Sie sich nicht mit eigenen Informationen über Dritte an diesem Spiel. Je verschwiegener Sie sind, was Außenstehende betrifft, umso eher werden Sie als Vertrauensperson akzeptiert.

7. Beziehungslust – Beziehungsfrust

Die einen wählen die Single-Lebensweise, weil sie nicht weniger, sondern weil sie mehr Liebesgenuss suchen als andere. Sie suchen das Abenteuer, die Leidenschaft, das erregende Prickeln des Begehrtwerdens ohne die Nachteile schwierigen Beziehungsalltages. Andere haben schon seit Jahren keine sexuellen Kontakte mehr, geschweige denn eine ernsthafte Bewerbung um ihre Zuneigung erlebt. Bei den meisten bewegt sich das Liebesleben irgendwo zwischen den Extremen. Hier und da ein One-night-stand, manchmal eine Beziehung, die nach einigen Monaten an der Verschiedenheit der Ansprüche zerbricht. Was früher eine Männerdomäne war, betreiben zunehmend auch Frauen: die strikte Trennung von Sex und Liebe, die Suche nach Lust ohne Bindung.

Modezar Karl Lagerfeld behauptete in einem Interview für die Zeitschrift *Für Sie*: «Sex ist ein Spielzeug für junge Leute. Wenn man über 35 ist, kann das doch kein Thema mehr sein.» Nähe, Körperliches sind ihm eher peinlich. Aber kann man es denn unterdrücken? Seine Antwort: «Man kann alles, wenn man will.»

Wer seine Ansicht teilt, kann dieses Kapitel getrost überschlagen. Falls Sie jedoch zu der übergroßen Mehrheit gehören, die bei aller Selbstbestimmung auf Intimität und Nähe nicht verzichten will, habe ich eine gute Nachricht für Sie: Über Liebe im Alter wird zwar wenig gesprochen, aber viele tun es, und nicht wenige mit mehr Genuss als in ihren Jugendjahren.

Partnerschaft im Alter: der Spagat zwischen Bindung und Eigenständigkeit

Der römische Dichter Ovid erzählte in seinen Metamorphosen folgende Geschichte:

Einst wanderten die Götter Zeus und Hermes in Menschengestalt durch die Ebenen Phrygiens, einer Landschaft in Kleinasien. Als sie abends an die Häuser klopften und um ein Nachtmahl baten, wurde ihnen überall die Tür vor der Nase wieder zugeschlagen. Endlich fanden sie eine kleine schilfbedeckte Hütte auf einem abgelegenen Hügel, wo man sie freundlich aufnahm. Die Hütte gehörte dem frommen Mütterchen Baucis und ihrem Gemahl Philemon. Beide hatten in ihr gemeinsam die Jugendjahre verbracht, hier waren sie zusammen alt geworden, und sie erleichterten sich ihre Armut dadurch, dass sie sie zufrieden ertrugen und niemals reicher scheinen wollten, als sie waren. Sie erledigten alle Hausarbeit gemeinsam und befolgten einer des anderen Wort.

Am nächsten Morgen ließen die Götter die Wohnungen der hartherzigen Nachbarn im Sumpf versinken. Philemon und Baucis aber durften zur Belohnung einen Wunsch äußern. Philemon sprach für beide:

> «Da wir unser Leben in schönem Einvernehmen zugebracht haben, möge der Tod uns beide zu gleicher Stunde ereilen, damit ich niemals genötigt sei, das Grab meines Weibes zu sehen, und mein Weib mich nicht dereinst bestatten muss.»

Ihr Wunsch ging in Erfüllung. Als die Stunde nahte, sah plötzlich einer am andern Blätter sprießen, und über ihre Gesichter wuchs Laub. Aus Baucis wurde eine Linde, aus Philemon eine

Eiche, nebeneinander stehend, die Äste auf Jahrhunderte miteinander verschränkt, von frommen Liebenden Jahr für Jahr mit Kränzen geschmückt.

Schon zur Römerzeit war die Idee lebenslanger trauter Zweisamkeit eher frommer Wunsch als tatsächliche Lebenspraxis. Wie eine Beschwörung wurde Ovids Märchen durch alle Jahrhunderte getragen. Allein drei Opern (von Gluck, Haydn und Gounod) sowie zahlreiche dichterische Adaptionen – zum Beispiel von Swift und Goethe – zeugen von der Faszination lebenslanger Liebe. Sich in jungen Jahren finden und dann allmählich zu einer Einheit verschmelzen, die im Alter unauflöslich erscheint, zum Schluss gemeinsam aus dem Leben scheiden – wie romantische Liebesfilme beweisen, lebt die Sehnsucht nach dieser Idylle in vielen Menschen fort. Das einige Paar erscheint als Bollwerk gegen das Unglück und die Unsicherheit dieser Welt.

Wie viele Paare kennen Sie, die sich mit Philemon und Baucis vergleichen ließen? Die lange Verheirateten, die ich kenne, sind alles andere als eine harmonische Einheit. Die einen kämpfen seit zwanzig Jahren Tag für Tag dieselben Streitrituale durch, die Nächsten leben in Resignation nebeneinanderher, andere halten es nur miteinander aus, weil sie in ihrem großen Haus ihre persönlichen Reviere abgegrenzt haben. Die US-amerikanische Anthropologin Helen Fisher wies im Vergleich unterschiedlicher Kulturen nach, dass Liebe und Leidenschaft sich meist innerhalb von vier Jahren Zusammenleben erschöpfen. Fast überall, nicht nur in den Industrienationen, erreicht die Trennungsquote nach dieser Zeit ein Maximum. Vier Jahre dauert im Durchschnitt eine Partnerschaft bei den Kung-Buschleuten der Kalahari ebenso wie bei den australischen Aborigines oder den Yanomamo-Indianern in Venezuela. Der Grund? Vier Jahre müssen vergehen, bis eine Frau bei diesen Völkern ein Kind geboren und die Stillphase beendet hat. Erst danach ist sie erneut paarungsbereit. Helen Fisher verglich die Ehe- und Trennungsstatistiken von 62 Ländern und stellte fest: Auch im Westen stehen die meisten nach vier Jahren vor dem Scheidungsrichter. Nicht erst im verflixten siebten Jahr.

Die Trennung ist die Regel, das lebenslange glückliche Zusammenbleiben die Ausnahme. Mit jedem neuen Versuch sinkt aber die Wahrscheinlichkeit, der Idylle von Philemon und Baucis doch noch nahe zu kommen. In die neue Beziehung gehen Sie nicht mehr mit der Unbefangenheit und den Illusionen jugendlicher Unerfahrenheit. Sie bringen vielmehr ein Stück eigenes Leben ein, und der/die Neue ebenfalls. Jeder von Ihnen weiß inzwischen, welche Verhaltensweisen er bei aller Liebe nicht tolerieren und auf welchen eigenen Vorlieben er bestehen wird. Mit dem Alter wächst unsere Selbstständigkeit. Jenseits des dreißigsten Jahres treffen nicht einfach zwei Individuen, sondern zwei Welten aufeinander. Tagesabläufe, Hobbys, Lieblingsideen, in allem unterscheiden wir uns voneinander. Zwei festgefahrene Lebensweisen begegnen sich. Klar, in den ersten Wochen fasziniert uns das Andersartige an der neuen Liebe. Wir sind bereit, dem andern weit entgegenzukommen. Wir entdecken zudem, dass wir einige Vorlieben gemeinsam haben, und nehmen kleine Unstimmigkeiten nicht so wichtig. Leider heilt die Zeit nicht nur alle Wunden, sondern auch uns von unseren Illusionen. Sie haben es sicher selbst schon mal erlebt: Eine Angewohnheit eines Partners, die Sie beim ersten Mal lustig oder gar originell fanden, fing beim zehnten Mal an, Sie zu langweilen, und reizte Sie beim fünfzigsten Mal derart, dass Sie am liebsten aufstehen und den Raum verlassen wollten.

Mit dem Alter wird es schwieriger, einen gemeinsamen Nenner zu finden. Dafür werden Sie nicht mehr zusammenbrechen, wenn eine Beziehung in die Brüche geht. Sie wissen längst, wie Sie mit dem Scheitern fertig werden. Es passiert Ihnen nicht zum ersten Mal. Sie wissen, es ist schmerzlich, aber davon geht die Welt nicht unter. Binnen kurzem haben Sie Ihr Leben neu organisiert, treffen sich mit Freunden, machen Reisen, konzentrieren sich eine Zeit lang auf den Job und erholen sich von den Stürmen des Gefühlslebens, ehe Sie einen neuen Versuch wagen.

Partnerschaften im Alter können gelingen, vorausgesetzt, Sie sind beide bereit, zu akzeptieren, dass der andere in seiner eigenen Welt lebt und immer leben wird. Versuchen Sie nicht, im ersten Überschwang der Gefühle, den anderen in Ihren Wunschpartner umzumodeln. Erwachsene umzuerziehen ist so gut wie unmöglich. Sogar dann, wenn der andere Sie auffordert: «Sag mir, wie du mich haben möchtest.» Nach einigen Monaten, wenn der Alltag in die Beziehung einzieht, kommen unüberbrückbare Differenzen zum Vorschein. Wenn Sie der Liebe eine Chance geben wollen – lassen Sie einander in Ruhe. Freuen Sie sich an dem, was Sie gemeinsam haben, und bleiben Sie in dem, was Sie unterscheidet, eigenständig. Versuchen Sie nie, einander zu vereinnahmen. Eine gewisse Distanz und das Bedürfnis, sich des Öfteren voneinander zurückzuziehen, werden bleiben. Besondere Vorsicht ist bei allen Entscheidungen geboten, wo einer zu Gunsten des anderen etwas aufgibt – seinen Beruf, seine Wohnung, Freundschaften oder seinen Familienstand.

Einander kennen lernen

Wo finden Ältere einander? Diskos sind out, Singlebars, Klubs und Reisen für Alleinlebende sind auch nicht jedermanns Sache. Ansonsten ändert sich in der zweiten Lebenshälfte nicht allzu viel. 60 Prozent aller Ehepaare fanden einander durch den Beruf, weitere 20 Prozent durch ihr Hobby, die Übrigen über Bekannte, per Anzeige oder per Zufall.

Flirt am Arbeitsplatz. Wenn Sie nicht gerade auf eine lange haltende Ehe aus sind – Hände weg von Affären im eigenen Büro. Möchten Sie, dass alle Kollegen an der Entwicklung Ihrer Liaison neugierig Anteil nehmen? Und wenn es dann eines Tages wieder heißen sollte «Also Günter, ab heute bin ich wieder Kollegin Meier für Sie», wie wollen Sie an 280 Tagen im Jahr einem Mann oder einer Frau acht Stunden gegenübersitzen, der/die Ihnen den Laufpass gab? Und jedes Mal den Job zu wechseln macht sich erstens nicht gut in Ihrem tabellarischen Lebenslauf und ist zweitens bei der heutigen Arbeitsmarktsituation nicht ohne Risiko.

Liebesgeständnisse im nahen Kollegenkreis sind noch aus anderen Gründen heikel. Stellen Sie sich vor, Sie arbeiten neben einem Kollegen, der Ihnen deutlich seine Zuneigung erklärt. Wie wollen Sie in Zukunft mit ihm umgehen? Oder Sie sind Chef einer Abteilung und nehmen die Liebesofferte einer jüngeren, aufstrebenden Kollegin an, weil ihre jugendliche Schönheit Ihrer ergrauenden Männlichkeit schmeichelt. Wenn sie sich nach einiger Zeit wieder auf Gleichaltrige besinnt, haben Sie das Nachsehen. Die Kollegin weiß von Ihnen inzwischen mehr intime Einzelheiten als Ihr langjähriger Stellvertreter. Wie wehren Sie sich, wenn Sie Ihnen nun mit unterschwelligen Forderungen nach einer vorzeitigen Beförderung kommt? Das Geflecht von Beziehungen und Gefühlen ist in einer Firma nicht weniger kompliziert als in einer großen Familie.

Wenn Sie aber über Ihre eigene und die Nachbarabteilungen hinausschauen, kann Ihr Job Ihnen eine Reihe geeigneter Kontakte liefern. Sie haben bei der Fahrt im Lift einen interessanten Herrn ohne Ehering entdeckt, der bei der Auffahrt den Knopf zur achten Etage drückte? Nutzen Sie Ihre betrieblichen Kontakte, um zunächst Auskünfte einzuholen. Die Kollegin aus der Personalabteilung, der Pförtner, der Hausmeister, Auszubildende, die in allen Abteilungen herumkommen, und die Mitarbeiter der Telefonzentrale sind geeignete Informanten. Nutzen Sie, was Sie erfahren haben, um sich einen Vorwand auszudenken, unter welchem Sie den interessanten Kollegen um Rat fragen. Schlagen Sie vor, die Mittagspause gemeinsam zu verbringen, und bringen Sie dann Ihr Anliegen vor. Eine andere Möglichkeit: Sie treffen ihn «zufällig» am Kopierer, der im Flur steht. Dort ergibt sich während der Wartezeit eine gute Gelegenheit für eine beiläufige Unterhaltung.

Noch besser fahren Sie, wenn Sie Ihre beruflichen Außenkontakte für Ihr privates Liebesleben nutzen. Beinahe jeder kennt Krankenschwestern, die Patienten, Verkäuferinnen, die einen Kunden, oder Professoren, die eine Studentin geheiratet haben. Wenn Sie keinen Beruf haben, der Sie täglich zur Kontaktpflege verpflichtet, kommen für Sie vielleicht folgende Möglichkeiten in Frage:

- **Messen.** Sie sind die Kontaktbörsen für alle, die in der Branche Rang und Namen haben, aber auch Betreuungspersonal, Kunden und interessierte Besucher finden sich ein. Stecken Sie sich einen Stapel Visitenkarten ein, stellen Sie sich vor und lassen Sie sich beraten. Und wenn Sie einen Draht gefunden haben, bleibt es Ihrer Phantasie überlassen, ob Sie einen Kaffee nach Dienstschluss vorschlagen oder ein neues Treffen nach Ende der Messe.

- **Tagungen, Seminare, Verbandstreffen.** Gemeinsame Abende und gemeinsames Tagen schaffen Verbundenheit. Da hauptsächlich Männer solche Veranstaltungen besuchen, sind Sie als Kontakt suchende Frau in einer besonders günstigen Position. Machen Sie auf sich aufmerksam, indem Sie in der Diskussion eine Frage stellen. Sprechen Sie die Person, die Sie ins Auge gefasst haben, an. Fragen Sie, warum sie an der Veranstaltung teilnimmt, und fragen Sie sie nach ihrer privaten Meinung zu irgendeiner Frage, die dort diskutiert wurde.

Hobby. Wer einander über sein Steckenpferd kennen lernt, hat gleich ein gemeinsames Gesprächsthema. Lassen Sie Ihre Umwelt erkennen, womit Sie sich gern beschäftigen. Hundehalter kommen beim Gassiführen ins Gespräch, Sportanhänger in den Stadien. Oder sie begegnen sich beim Joggen, Schwimmen, Reiten und so weiter. Für Taucher, Reiter, Surfer, Trecking- und Radfans gibt es spezielle Urlaubsangebote – eine ideale Spielwiese für aufregende Begegnungen mit Gleichgesinnten. Wenn Sie eine Fremdsprache lernen, klappen Sie Ihr Lehrbuch für alle sichtbar in der U-Bahn auf. Sobald eine interessante Person neugierig den Umschlag Ihres Buches mustert, auf dem deutlich «Spanisch für Anfänger» zu lesen steht, fragen Sie nach: «Interessieren Sie sich auch für Spanien? Waren Sie schon mal dort?»

Eine andere Möglichkeit sind Volkshochschulkurse. Wenn keiner der Teilnehmer Ihren Vorstellungen entspricht, haben Sie zumindest etwas gelernt oder gar eine neue Freundschaft geschlossen. Und wer weiß? Vielleicht lernen Sie ja über den neuen Freund Ihre nächste Liebe kennen?

Sie erhöhen Ihre Chancen, wenn Sie sich als Frau an ein typisch männliches Hobby (Fußball, Billard, Heimwerken) und als Mann an ein typisch weibliches Hobby (Jazzdance, Aerobic, Kochen) wagen.

Bekannte. Ein umfangreiches Netzwerk an Geschäfts- und privaten Kontakten erhöht Ihre Chancen auf dem Markt der

Begegnungen. Sie erinnern sich an meine Bemerkungen über die regelmäßige Kontaktpflege aus dem sechsten Kapitel? Interessieren Sie sich bei jedem Telefonat, bei jedem Brief und jedem Treffen ein wenig für das Privatleben der Leute. Versuchen Sie unaufdringlich, in Erfahrung zu bringen, ob sie verheiratet sind, Kinder haben und wie sie gerade leben. Bei Ihren besten Freunden wissen Sie es ohnehin.

Sie werden beobachten, dass sich die privaten Verhältnisse ständig ändern. Da durchlebt die eine Freundin eine Trennungskrise und ist sechs Wochen später glücklich verliebt, nur um Ihnen zwei Monate danach mitzuteilen, dass sie jetzt erst einmal von der Liebe genug hat. Ein anderer ist von seiner Frau verlassen worden, die dennoch die Scheidung verweigert. Ihm fehlt nur eine neue Liebe, um endlich von seiner Seite aus die Scheidung energisch voranzutreiben. Wieder ein anderer hat seit Jahren eine Freundin, aber die Beziehung schleppt sich nur noch dahin. Er wartet auf die erste Gelegenheit – sprich: eine neue Flamme –, um sich zu der längst überfälligen Trennung zu entschließen. Zeigen Sie, dass Sie gut zuhören können und sich für die Sorgen Ihrer Bekannten interessieren. Es wäre nicht das erste Mal, dass aus Freundschaft Zuneigung und Liebe erwuchs.

Per Zufall. Hier hängt alles von Ihrer Kontaktfreudigkeit ab. Haben Sie den Mut, auf Fremde zuzugehen, und bleiben Sie gelassen, wenn Sie eine Abfuhr erhalten? Alles, was Sie über die Steigerung Ihrer Chancen im Alltag wissen müssen, erfuhren Sie im sechsten Kapitel. Falls Sie der Zufallsbegegnung vertrauen – warten Sie nicht, bis Sie irgendwann mal angesprochen werden. Auch als Frau nicht. (Es sei denn, Sie führen ein Leben, wo Sie sich vor Kontaktangeboten nicht retten können.) Was Sie brauchen, um auf dieser Schiene erfolgreich zu sein, ist Phantasie. Versuchen Sie, in der Situation Aufhänger für ein Gespräch zu entdecken. Einige Beispiele:

- Der Bus steht im Stau. Sie fragen: «Sagen Sie, ist das auf dieser Strecke öfter der Fall?»

- Im Restaurant zu jemandem am Nebentisch: «Verzeihung, was ist das, was Sie da essen? Das sieht interessant aus.» Oder in einer Bar: «Was um alles in der Welt trinken Sie da?»
- «Kann es sein, dass ich Sie letzten Februar in Istanbul gesehen habe?» Auf keinen Fall das abgedroschene «Kennen wir uns nicht irgendwoher?» verwenden!
- In der Theaterpause in dem Moment, wo Sie mit der Person Ihrer Wünsche kurzen Blickkontakt haben: «Wie finden Sie das Stück?» Oder konkreter: «Sagen Sie, finden Sie den … (Name des Schauspielers) als König Lear nicht auch ein bisschen unglaubwürdig?»
- Im Aufzug eines Geschäftshauses: «Sitzt meine Krawatte (meine Frisur, mein Kostüm) richtig? Ich habe gleich eine wichtige Besprechung und möchte einen guten Eindruck hinterlassen.»
- Mit leidendem Gesichtsausdruck: «Verzeihung, haben Sie vielleicht eine Schmerztablette bei sich?»

Danach müssen Sie das Gespräch nur noch durch originelle Bemerkungen und neue Fragen, die Ihr Interesse am anderen bekunden, am Laufen halten.

Falls Sie sich als Frau nicht emanzipiert genug fühlen, um den ersten Schritt zu wagen: am einfachsten ist es für Sie, an den Beschützerinstinkt des Mannes zu appellieren. Bitten Sie an der Tankstelle einen Mann um Hilfe, weil Sie den Reifendruck prüfen wollen – und schon ist der Kontakt hergestellt. Ein Mann wird es kaum wagen, Ihnen einen Korb zu geben – das ist Ihr Vorteil als Frau.

In neun von zehn Fällen wird es bei einer flüchtigen Begegnung bleiben. Geduld und viele Versuche sind unumgänglich. Dafür ist dieser Weg der spannendste und der, der die meisten Überraschungen bereit hält. Sie lernen Menschen kennen, denen Sie sonst nie begegnet wären, erhalten vielleicht Einblick in völlig andere Lebenssphären. Ich will aber auch nicht verschweigen, dass das Kennenlernen im Alltag in den letzten Jahren schwieriger geworden ist. Die zunehmende Gewalt macht die meisten gegen Unbekannte misstrauisch. Gehen Sie also behutsam vor und bleiben Sie körperlich auf Distanz.

Kontaktanzeigen. Fünf Millionen Partnerschaftsannoncen pro Jahr in deutschen Blättern beweisen: Der Markt boomt wie nie zuvor. Gehören Sie auch zu denen, die bei jeder neuen Zeitung die Heiratsannoncen durchschauen, einfach so zur Unterhaltung? Und ist es nicht erstaunlich, wie viele attraktive Männer und Frauen einsam durchs Leben zu streifen scheinen? Die Männer sind fast alle groß, schlank, in guter beruflicher Position, treu, kinderlieb und häuslich. Die Frauen sind in der Mehrzahl schlank oder fraulich gebaut, attraktiv oder gar hübsch, optimistisch, temperamentvoll und für jeden Spaß zu haben. Wenn Sie es auf diesem Weg versuchen – «da Mangel an Gelegenheit», wie Kontaktscheu oder ein aufreibendes Berufsleben oft umschrieben werden –, machen Sie sich bei der ersten Begegnung auf eine herbe Enttäuschung gefasst. Nur etwa jede(r) Siebte, den oder die Sie auf Grund einer Anzeige treffen, kann tatsächlich als attraktiv bezeichnet werden. Wenn Sie auf Äußerlichkeiten Wert legen, von einer schlanken Blondine oder einem zweiten Sean Connery träumen, probieren Sie es lieber auf einem der anderen Wege. Vor allem gut aussehende Frauen sind per Anzeigen kaum zu finden. Attraktive Männer findet man eher, sofern sie beruflich stark engagiert oder etwas kontaktscheu sind.

Sind Sie bereit, Ihre Erwartungen auf ein realistisches Maß herabzuschrauben? Den Menschen, den Sie treffen, erst einmal im Gespräch auf seine inneren Werte hin abzuklopfen, bevor Sie ein Urteil fällen? In diesem Fall kann die Kontaktanzeige eine sinnvolle Alternative sein. Egal, ob Sie selbst eine aufgeben oder auf Anzeigen antworten: Sie benötigen durchschnittlich zwanzig Begegnungen, ehe es einmal funkt. Zunächst zur Anzeige. Die wirkungsvollsten Anzeigen sind originell und witzig. Fehlt Ihnen der leichte Humor, gibt es eine ebenso erfolgreiche Alternative. Sie beschreiben Ihre Eigenschaften so präzise wie möglich. Also nicht «... mit Interesse für Literatur, Sport und

Musik», sondern «… liebe die Bilder von Cézanne und Romane von Henry Miller, Raymond Chandler und Paul Auster». Überlegen Sie außerdem, auf welche Angaben Ihr(e) Zukünftige(r) anspringt. Frauen mögen selbstbewusste, humorvolle, interessante Männer, die gut zuhören können. Überlegen, aber keine rücksichtslosen Machos oder Perfektionisten. Männer reagieren auf alle positiven Angaben zum Aussehen wie schlank, gute Figur oder mädchenhaft. Zu viel Selbstbewusstsein oder Forderungen nach absoluter Treue schrecken sie eher ab. Was Sie auch schreiben: stellen Sie Ihre Stärken heraus, aber bauen Sie kein Phantasiebild, das dem ersten Augenschein nicht standhält.

Frauen erhalten deutlich mehr Antworten auf ihre Anzeigen als Männer. Sie können es sich daher eher leisten, durch Angabe von Erwartungen an den Partner den Kreis der Interessenten von vornherein einzuschränken. Das erste Treffen in neutraler Umgebung werden Sie in der Regel per Telefon vereinbaren. Wenn Sie aus der Stimme oder dem Gesagten den Eindruck haben, die Anzeige beziehungsweise der Brief versprachen weit mehr, als die Person am Telefon hält – sagen Sie gleich ab und ersparen Sie sich einen sinnlosen Abend. Wenn Sie sich treffen und statt der versprochenen Fee kommt Ihnen Witwe Bolte entgegen (oder statt des stämmigen Hünen ein kleiner dicker Glatzkopf) – bewahren Sie Haltung. Machen Sie nicht einfach kehrt und lassen den oder die Ärmste vergeblich warten. Sie möchten im umgekehrten Fall sicher auch nicht so behandelt werden. Vielleicht stellt sich Ihr Gegenüber wenigstens als nette Plaudertasche heraus, und Sie erfahren interessante Details aus einem anderen Lebenskreis. Wenn Sie keine tiefere Beziehung wünschen, sagen Sie es rechtzeitig, ehe sich Ihr Gegenüber Hoffnungen macht und Sie wochenlang mit drängenden Telefonaten belästigt. Sollte jedoch mehr da sein als ein oberflächliches Interesse, entfalten Sie Ihr Repertoire an Kommunikationsmethoden aus dem sechsten Kapitel.

Um am Ende noch einen Irrtum auszuräumen: Häufig wird gesagt, ältere Männer hätten es leichter als ältere Frauen. In Amerika soll die Wahrscheinlichkeit, einem terroristischen Anschlag zum Opfer zu fallen, für eine über 35-jährige Frau größer sein als die, noch einen Ehemann zu finden. Dieses oft zitierte Bonmot beruht auf einer falschen statistischen Berechnung und ist längst widerlegt worden. Allerdings steckt dahinter ein tatsächliches Problem: In ihren mittleren Jahren wirken viele Männer offenbar attraktiver als gleichaltrige Frauen. Eine Folge der Tatsache, dass Männer meist jüngere Frauen, diese wiederum meist ältere Männer wählen. Wenn Sie eine Frau sind: Lassen Sie den Männern ihre Vorlieben für Jüngere. Schauen Sie sich unter den Herren um, die etwa zehn Jahre älter sind als Sie, und schon ist das Attraktivitätsgleichgewicht wiederhergestellt. Und noch ein Trost. Jenseits der 60 geht den Männern ihr Attraktivitätsvorsprung wieder verloren. Beispielsweise altert die Haut des Mannes später als die der Frau. Doch wenn schließlich auch seine Haut schlaff, trocken und faltig wird, verändert sie sich schneller, sodass er mit den Frauen seines Alters bald gleichzieht. Und es bleibt Ihnen ein Trost: Ihre Lebenserwartung ist rund sieben Jahre höher als die seine.

Übrigens rätselt die Wissenschaft noch heute, wo der Vorsprung der Frauen in der Lebenserwartung herrührt. Größerer Berufsstress der Männer, mehr Zigaretten- und Alkoholkonsum, weniger Bewegung – fast alle Elemente der Lebensweise sind schon zur Erklärung herangezogen worden, ohne befriedigenden Erfolg. Wahrscheinlich liegt die Ursache für die Differenz auf genetischer Ebene. Frauen haben zwei gleiche Geschlechtschromosomen (X und X), Männer dagegen zwei verschiedene (X und Y). Mit wachsendem Alter sinkt aber die Fähigkeit der Zellen, genetische Schäden, die gelegentlich auftreten, aus eigener Kraft zu reparieren – eine wichtige Ursache des biologischen Alterns. Da Frauen zwei X-Chromosomen haben, können «Lesefehler» auf dem einen Chromosom durch Informationen, die auf dem zweiten Chromosom liegen, aufgehoben werden. Beim Mann mit seinen unterschiedlichen Geschlechtschromosomen funktioniert das nicht. Die gleichen Fehler sind in seinen Zellen irreparabel und häufen sich an, bis die Zellen die Schäden nicht mehr bewältigen.

Neue Liebe, neues Leben

Endlich ist der Funke übergesprungen. Da ist jemand, der an Sie denkt, wenn Sie nicht zu Hause sind, der sich Gedanken macht, was Ihnen Freude bereiten könnte, der Ihnen Liebe und Vertrauen schenkt. Jetzt können Sie erst einmal die Single-Bälle und einsamen Bars vergessen; Sie haben ja eine zweite Hälfte für Ihr Herz und Ihr Bett gefunden. Während ringsumher die Arbeitslosenzahlen steigen, die Parteien in irrwitzigem Tempo irrwitzige Versprechen in die Welt hinausposaunen und genauso schnell wieder brechen, während die Gehälter sinken und die Preise steigen – wühlen Sie beide sich glücklich in Ihre Matratzen und lassen andere sich mit den Katastrophen dieser Welt herumschlagen. Lassen Sie sich lieben. Spüren Sie, Sie sind wer. Genießen Sie die Zuneigung aus vollem Herzen. Die ersten Wochen sind die schönsten, und so viele erste Wochen gibt es nicht in unserem Leben, dass wir sie sinnlos vergeuden dürfen.

Wenn die Freude anhalten soll: Verlieren Sie jetzt nicht den Kopf! Wollen Sie, dass die große Nähe der ersten Tage nicht bald in Überdruss überwechselt? Dann befolgen Sie ein paar Regeln, mit denen schon vor Jahrhunderten erfahrene Casanovas und Mätressen das Interesse an sich wach gehalten haben:

- Machen Sie gelegentlich ein Kompliment. Möglichst unverhofft und originell. Aber nicht am laufenden Band; selbst das Beste nutzt sich ab.
- Nicht klammern. Machen Sie sich rar, selbst dann, wenn der andere scheinbar nicht eine Minute ohne Sie sein mag. Wer klammert, weckt bei andern das Bedürfnis nach mehr Distanz. Wer dagegen zeigt, dass er nicht leicht zu haben ist, er-

höht seinen Wert. Sagen Sie gelegentlich ein Rendezvous kurz vorher ab. Schränken Sie keinesfalls Ihre sonstigen Kontakte und Verpflichtungen ein. Es ist Ihr selbstständiges Leben, was Sie in den Augen des andern interessant macht.

- Lassen Sie sich erobern. Zeigen Sie Ihr Interesse, aber laufen Sie Ihrer neuen Liebe nicht hinterher. Wenn Sie telefonieren, beenden Sie das Gespräch nach etwa zehn Minuten als Erste(r). Ziehen Sie Ihre Rendezvous nicht allzu sehr in die Länge. Und erzählen Sie nicht zu viel von sich. Vor allem nicht über Ihre früheren Beziehungen, Ängste und negativen Erfahrungen. Versuchen Sie, ein bisschen geheimnisvoll zu bleiben, so wirken Sie interessant. Sprechen Sie ab und zu in Andeutungen. Lassen Sie sich erraten.
- Gehen Sie nicht gleich miteinander ins Bett. Wenn Sie nur auf einen One-night-stand aus sind, okay. Wollen Sie aber etwas Langfristiges, so erhöhen Sie Ihren Wert, wenn Sie die erste gemeinsame Nacht hinauszögern. Als Mann beweisen Sie ihr, dass Sie rücksichtsvoll sind und sie nicht nur ein Abenteuer unter vielen für Sie ist. Als Frau machen Sie ihm klar, dass er einige Anstrengungen investieren muss, wenn er Sie haben will.
- Sagen Sie ihm/ihr nicht, was er/sie tun soll. Wenn Ihre neue Liebe sich Ihren Anweisungen fügt, erwartet sie eine Gegenleistung. Das kann den Keim für erste Enttäuschungen legen. Will er am Wochenende mit seinen Kumpels angeln gehen, statt am Sonntagmorgen das Frühstück mit Ihnen im Bett zu nehmen? Sagen Sie, was Sie davon halten, aber respektieren Sie seine Entscheidung. Wenn er auf Ihre Wünsche gar nicht eingeht, machen Sie Schluss, aber erziehen Sie nicht an ihm herum. Sie ersparen sich sinnlosen Ärger und schwere Enttäuschungen wegen der Fruchtlosigkeit Ihrer Bemühungen. Er will sein eigenes Leben weiterführen, und Sie sind nur an zwei Abenden in der Woche eingeplant? Unterbieten Sie ihn! Reduzieren Sie Ihr Angebot auf einen Abend in der Woche. In der übrigen Zeit gehen Sie aus, besuchen lebhafte Partys, treffen sich mit Freunden oder fahren ein paar Tage in den

Süden. Wenn Sie sich wieder sehen, berichten Sie gut gelaunt von Ihren tollen Erlebnissen. Wetten, dass er in Zukunft mehr Zeit für Sie hat?

- Und zum Schluss: Hüten Sie sich vor Eifersucht, Verdächtigungen und allen anderen besitzergreifenden Verhaltensweisen. Lassen Sie sich vor allem Zeit mit dem Zusammenziehen (mehr dazu im folgenden Abschnitt).

Wenn Sie Ihren Partner genau kennen lernen wollen: Unternehmen Sie etwas gemeinsam! Worte können täuschen, aber in seinen Handlungen zeigt sich der Mensch, wie er wirklich ist. Am besten, Sie fahren nach einigen Wochen zusammen weg, zunächst nur für einige Tage. Denn sollte sich der andere als Enttäuschung erweisen, werden Sie sich doch nicht Ihren Jahresurlaub mit ihm verderben wollen. Einige Tage genügen auch, um festzustellen, ob der andere sich so gibt, wie er ist, oder ob er versucht hat, Ihnen während der ersten Begegnungen eine Rolle vorzuspielen. Wer kein geübter Schauspieler ist, wird so etwas nicht über mehrere Tage durchhalten.

Bleiben Sie auch in der höchsten Euphorie über Ihren Liebeserfolg realistisch. Der andere wird ein eigenständiges Wesen bleiben. Die Bereitschaft, für den anderen zurückzustecken, erlischt am Ende der Eroberungsphase. Irgendwann will jeder für das Entgegenkommen, das er dem andern gezeigt hat, belohnt werden. Sprechen Sie, schon bevor es so weit ist, über Ihre wechselseitigen Erwartungen und überlegen Sie, ob Sie damit leben können. Beziehungen scheitern meist nicht an den großen Dingen wie Kinderwünschen oder unterschiedlichen Religionen, sondern an den kleinen Differenzen des Alltags. Was zum Stolperstein der Beziehung werden könnte, ist für jedes Paar verschieden. Typische Felder ewigen Streitens sind:

Geld. Sparsam und Angst vor Schulden oder eher verschwenderisch, großzügig bis leichtsinnig?

Kindererziehung. Disziplin, Konsequenz und liebevolle Strenge, oder gilt die Maxime: Alles ist erlaubt, die Kinder müssen ihre eigenen Erfahrungen machen?

Tagesablauf. Morgenmuffel und Nachtschwärmer oder früh zu Bett und zeitig auf? Abende daheim oder auf der Piste verbringen?

Mahlzeiten. Fleisch oder vegetarisch? Kantine und Imbiss oder gemeinsam stundenlanges Kochen erlesener Gourmetmenüs?

Getränke. Kaffee oder Tee zum Frühstück, Wein oder Bier am Abend?

Persönliche Macken. Wie lange wären Sie bereit – Zuneigung vorausgesetzt –, starke Raucher, Müslifans, Schnarcher, stundenlange Badblockiererinnen, «Lindenstraßen»-Anhängerinnen, Hundenarren, Zähneknirscher, Mundgeruch, tägliche Telefonate mit Mutter oder seine/ihre Freunde mit schlechten Manieren zu tolerieren? Überlegen Sie sich die Antwort gut – und rechtzeitig.

Schauen Sie nicht nur, weswegen Ihr Partner streitet, sondern auch, wie. Ist er fair, oder versucht er, Sie mit Unterstellungen und kleinen Sticheleien zu verletzen? Wenn Sie merken, dass er Sie jedes Mal auf die Palme bringt: Überdenken Sie genau, ob Sie sich diesen Stress auf Dauer zumuten wollen. Natürlich können Sie auch versuchen, beide die Regeln fairen Streitens zu erlernen und anzuwenden (mehr dazu später in diesem Kapitel).

Ein sensibles Thema für Singles sind Sex und Erotik. Im Durchschnitt haben sie wahrscheinlich mehr Sex mit sich selbst als mit anderen. Masturbation bietet zumindest Spaß mit jemandem, den man mag und sehr gut kennt. Die meisten Frauen finden die gelegentlichen One-night-stands so unbefriedigend, dass sie sich vornehmen, in Zukunft darauf zu verzichten – bis sie nach längerem Alleinsein einen neuen Versuch wagen. Die uneingestandenen Befürchtungen verhindern schon im Voraus, dass sie das Abenteuer genießen können. Aber auch für Männer ist das Einmal-Vergnügen nicht immer der reine Genuss. Potenzprobleme sind häufig und kratzen erheblich am Selbstbewusstsein.

Älter werdende Singles sind mit einem zusätzlichen Problem konfrontiert. In der Regel wissen nur wir selbst bis ins Detail, wie wir wirklich aussehen. Wenn wir nach draußen gehen, verhüllen wir unsere Mängel mehr oder weniger geschickt durch Kleidung und Kosmetik. Schon in der Jugend sahen wir nicht aus wie Adonis oder die Venus von Milo. Jenseits der Vierzig haben wir nicht einmal mehr die Frische der Jugend für uns. Erinnern Sie sich an Philemon und Baucis? Die beiden hatten Gelegenheit, sich allmählich aneinander zu gewöhnen, sie alterten füreinander langsam, beinahe unmerklich. Wenn Sie sich als Single in ein Abenteuer stürzen, stehen Sie einander von einem Tag zum andern ohne schützende Hüllen gegenüber. Und das bei all den Illusionen, die Hochglanzmagazine täglich darüber verbreiten, wie ein Mann beziehungsweise eine Frau auszusehen hat. Klar, wir wissen alle, dass sich auf den Titelseiten nicht der Durchschnitt der Bevölkerung tummelt. (Den finden Sie eher beim Besuch eines Schwimmbades.) Aber die unterschwellige Botschaft, was als attraktiv anzusehen ist, verinnerlichen wir doch.

Viele Alleinstehende finden, dass es mit der Sexualität derart schwierig ist, dass sie letztlich darauf verzichten. Sie ziehen es vor, diesen Bereich aus ihrem Leben auszuklammern, anstatt sich ständig mit dem Widerspruch zwischen Wünschen und Erreichbarem auseinander zu setzen. Andere empfinden es als Befreiung, dass mit den Jahren die sexuelle Triebhaftigkeit nachlässt. Für den Mangel an Berührungen schaffen sie sich Ersatzrituale: ein ausgiebiges Schaumbad, teure Cremes, Seidenbettwäsche und schmiegsame Kleidungsstoffe, regelmäßige Besuche von Saunas, Massage-, Friseur- und Kosmetiksalons.

Wenn Sie sich im höheren Alter in ein erotisches Abenteuer stürzen, gehen Sie behutsam vor. Nicht nur Sie haben Ängste, was man über Ihre Nacktheit denken könnte, sondern auch Ihr neuer Schwarm. Vielleicht spüren Sie kurz vor dem entscheidenden Moment den dringenden Wunsch, noch einen Rückzieher zu machen? Und Sie sagen sich auf einmal, ohne Sex sei das Leben auch ganz schön?

Riskieren Sie es trotzdem. Was kann schlimmstenfalls schon passieren? Sie können es immer noch beim Kuscheln lassen oder gar die Flucht ergreifen und den andern nie wieder sehen. Sie könnten versagen, sich blamieren, als hässlich eingestuft werden? Sein (ihr) Problem! Wenn Sie wirklich einen Misserfolg hatten – keine Angst vor übler Nachrede. Es wird dem andern genauso peinlich sein wie Ihnen. Die beste Garantie für Verschwiegenheit. Wenn's schief geht – nehmen Sie es mit Humor. Das ist die ideale Art, persönliche Katastrophen zu bewältigen. Der Gewinn, der Ihnen winkt, lohnt das Risiko. Eine sexuelle Eroberung ist Labsal für das angeschlagene Selbstwertgefühl. Die körperliche Berührung und Hingabe entspannen, kurbeln die Hormonproduktion an, fördern Zufriedenheit und Ausgeglichenheit.

Aus zweimal Ich mach einmal Wir: Zusammenziehen oder nicht?

Jeder, der schon einmal verliebt war, weiß es: Der Liebestaumel hält nicht an. Niemand kann für alle Zeit auf rosa Wolken schweben. Paare durchlaufen auf dem Weg zum gemeinsamen Glück fünf Stufen:

1. Liebesrausch. Hochstimmung, gegenseitige Verführung, erster Blick, erster Kuss. Bereitschaft zur völligen Hingabe. Am anderen scheint einfach alles zu stimmen, man fühlt sich rundum glücklich und glaubt, füreinander bestimmt zu sein. Beide stecken voll positiver Energie, sie glauben, miteinander jedes Hindernis zu überwinden. Unstimmigkeiten werden großzügig übersehen. (Wenn nicht, wird die Liebe die ersten Wochen kaum überleben.)

2. Realistischer Check-up. Allmählich hält die Wirklichkeit Einzug. Bestimmte Differenzen treten immer wieder auf. Darüber hinwegsehen gelingt auf Dauer nicht. Anfälle von schlechter Laune und erste Streitigkeiten wirken ernüchternd. Der Partner wird von seinem Sockel heruntergeholt und erscheint nun als Mensch mit Fehlern und Schwächen. Paare, die zu verschieden sind, trennen sich in dieser Zeit, das heißt nach spätestens vier, fünf Monaten.

3. Bestandsaufnahme. Beide wägen für sich Positives und Negatives ab. Nach außen sind sie offiziell ein Paar und machen Pläne für die Zukunft. Jeder weiß, in welchem Ausmaß er sich auf den andern verlassen kann. Man ist sich des andern ziemlich sicher. Die Verführungsbemühungen lassen nach. Dennoch scheitern gerade zu diesem Zeitpunkt die meisten Beziehungen, weil jetzt klar wird, wenn die Liebe für ein langfristiges Zusammengehen nicht ausreicht.

4. Beziehungsalltag. Beide haben feste Umgangsformen vereinbart und richten sich danach. Es ist geklärt, wie oft man sich sieht, wie man den Urlaub verbringt, welche Rechte jeder in Anspruch nehmen darf und welche Pflichten geteilt werden. Die Gefühle gleiten in ruhiges Fahrwasser. Es besteht die Gefahr, dass Langeweile und Enttäuschung einziehen und einer von beiden sich ein neues, aufregendes Liebesabenteuer sucht. Gelingt es, die Umstellung vom romantischen Gefühlssturm zur Alltagsroutine so zu bewältigen, dass beide das Zusammenleben als Gewinn betrachten, bildet sich ein tiefes Vertrauensverhältnis aus.

5. Freiräume suchen. Die Beziehung ist gesichert, man kann sich wieder mit sich selbst beschäftigen. Das Interesse wächst, neben der Partnerschaft eigene Hobbys und Freundschaften zu pflegen.

Je länger eine Beziehung dauert, desto mehr schälen sich die unterschiedlichen Bedürfnisse nach Nähe oder Distanz heraus. Wenn mein Freund einen Tag für sich sein will, ist das nicht ein Zeichen für mangelndes Interesse an mir? – Meine Freundin will mit zwei anderen Frauen ausgehen statt mit mir: Fühlt sie sich in ihrem Kreis wohler als an meiner Seite? – Oder umgekehrt: Sie will immer alles wissen, was ich den ganzen Tag getan habe. Gut, wir haben uns mal versprochen, voreinander keine Geheimnisse zu haben, aber wenn wir das wörtlich nehmen, fühle ich mich wie eingesperrt.

Sie kennen es sicher: Wenn Sie Ihren Liebsten oder Ihre Liebste eine Woche nicht gesehen haben, können Sie das Wiedersehen kaum erwarten. Wenn Sie jedoch ein paar Tage zusammen waren und alles gemeinsam machten – einschließlich baden, kochen und Zeitung lesen –, dann wünschen Sie sich heimlich, endlich wieder einige Minuten für sich zu haben. Und in die Verabschiedung am nächsten Morgen mischt sich neben Bedauern auch eine leise Vorfreude auf die nächsten ungestörten Stunden.

Wann ist der Punkt erreicht, da der Wunsch nach Nähe in das Bedürfnis nach Abstand umschlägt und umgekehrt? Das ist leider bei jedem anders. Der eine ist noch rundum froh und möchte kuscheln, der andere stürmt ins Bad, um wenigstens ein paar Augenblicke für sich zu sein. Die Folge: Einer von beiden bekommt zu wenig Nähe, der andere zu viel. Daraus erwächst ein ernstes Problem, wenn es eines Tages um die Frage geht: Zusammenziehen oder nicht?

Wenn Sie beide wissen, dass Sie zusammenbleiben wollen, scheint es sinnlos, zwei Haushalte aufrechtzuerhalten, wenn Sie sich ohnehin stets nur in einer Wohnung aufhalten: mal in ihrer, mal in seiner. Noch dazu, wo bei den heutigen Mieten unbenutzter Wohnraum teurer Luxus ist. Tatsächlich zeichnet sich bei den Singles eine Trendwende ab: Während es in den Achtzigern als schick galt, die eigene Wohnung zu behalten und damit seine Unabhängigkeit zu unterstreichen, gewinnt heute – in der Zeit steigender Mieten und sinkender Reallöhne – die gemeinsame Wohnung wieder an Attraktivität. Und nicht zuletzt glauben viele, erst nach Zusammenlegen der Haushalte sich des anderen völlig sicher sein zu können.

Das ist ein Irrtum. Nähe und ständiges Zusammensein festigen die Beziehung keineswegs. Psychologen sagen sogar: Wollt ihr Liebe und Leidenschaft, wohnt getrennt. Wollt ihr einander Kameraden und gute Freunde sein, zieht zusammen. Worauf legen Sie Wert?

Fazit: Wenn Sie es sich finanziell leisten können, behalten Sie Ihre eigenen Wohnungen. Gemeinsames schaffen unter Bewahrung Ihrer Verschiedenheit – wie geht das?

Wenn Sie der- oder diejenige von beiden sind, der/die das größere Bedürfnis nach Nähe hat:

- Suchen Sie das Gespräch über Ihren Mangel an Nähe und Ihr

Gefühl, der andere könnte sich nicht genug für Sie interessieren. Wahrscheinlich sind dem andern Ihre Motive gar nicht bewusst.

- Gewinnen Sie mehr Vertrauen. Wenn Sie merken, dass Sie darüber nachdenken, wie der andere jede unkontrollierte Minute nutzen könnte, Sie zu betrügen, brechen Sie den Gedankengang ab und erinnern Sie sich an alle Zeichen der Zuneigung, die Sie erhalten haben.
- Entwickeln Sie eigene Interessen. Gönnen Sie sich Hobbys, bei denen Ihr Partner nicht dabei ist. Pflegen Sie alte Freundschaften, flirten Sie, fahren Sie mal allein weg. Führen Sie ein eigenes Leben, sodass Sie für Ihren Freund oder Ihre Freundin interessant und ein wenig geheimnisvoll bleiben.
- Widerstehen Sie dem Impuls, sie/ihn dauernd anzurufen.
- Suchen Sie bewusst das Alleinsein. Genießen Sie die Ruhe ringsumher.

Wenn Sie die Person sind, die öfter für sich sein will:

- Schließen Sie Kompromisse. Gehen Sie etwas weniger allein aus. Erzählen Sie von sich aus, was Sie vorhaben. Und danach, was Sie erlebt haben.
- Unterstützen Sie die Selbstständigkeit des andern. Sagen Sie, dass Sie es gut finden, was er allein unternimmt. Ermuntern Sie ihn, sich mit alten Freunden zu treffen, eigene Pläne zu machen und umzusetzen.
- Belügen Sie den Partner nicht, was Ihre eigenständigen Aktivitäten betrifft. Wenn nötig, verschweigen Sie lieber das eine oder andere Detail.
- Rufen Sie ab und zu von unterwegs an und erzählen Sie kurz, was Sie gerade machen. Und dass Sie sich auf das Wiedersehen freuen.
- Seien Sie zuverlässig. Das beugt Misstrauen, Ängsten und Eifersucht vor. Rufen Sie an, wenn Sie später als angekündigt nach Hause kommen werden.

Wenn das Geld so knapp ist, dass Sie sich als Paar auf Dauer keine zwei Wohnungen leisten wollen, grenzen Sie wenigstens beide Ihr eigenes Reich ab. Je älter Sie sind, wenn Sie es miteinander versuchen, desto mehr individuelle Freiräume brauchen Sie beide.

Die erste Krise: Konfliktmanagement

Eben waren Sie noch ein Herz und eine Seele, und plötzlich, wie aus heiterem Himmel, ist er da: der erste Krach. Fürchten Sie nun nicht, dass dies das Ende ist. Es ist eher ein Zeichen, dass Ihre Beziehung in die realistische Phase getreten ist.

Glückliche Beziehungen ohne Streit gibt es nur im Film. Wenn in der Wirklichkeit der Streit ausbleiben sollte, wäre dies ein ernstes Alarmzeichen. Es bedeutet, dass mindestens einer von beiden aufgegeben hat, über Meinungsverschiedenheiten zu reden. Entweder resignieren beide und leben nur noch gleichgültig aneinander vorbei, oder die Trennung steht unmittelbar bevor. Ein lebhafter Krach ist dagegen ein Hinweis, dass es Differenzen gibt und beide versuchen, sie auszuräumen.

Leider beherrscht nicht jeder die Kunst der fairen Auseinandersetzung. Häufig zerstört der Streit mehr, als er klärt. Wir bekommen die Fähigkeit zum konstruktiven Konfliktmanagement nicht in die Wiege gelegt. Vor allem, wenn wir uns in die Enge getrieben fühlen, greifen wir zu destruktiven Mitteln. Mit unüberlegten Worten kann sehr viel Schaden angerichtet werden. Streit wird dann destruktiv, wenn wir uns nicht mehr über einen Konflikt verständigen und einen Kompromiss suchen, sondern uns bemühen, den andern zu verletzen. Wenn wir um jeden Preis aus einem Wortgefecht als Sieger hervorgehen und den anderen schachmatt setzen wollen.

Destruktiver Streiter	Dann zu erkennen:	Wie Sie sich wehren können
Der Vergangenheitsbewältiger	Statt über das aktuelle Problem zu diskutieren, wirft er Ihnen pausenlos ähnliches Verhalten in früheren Fällen vor.	Erinnern Sie ihn daran, dass sich die Vergangenheit nicht mehr ändern lässt, wohl aber die Zukunft. Fragen Sie, welche Veränderungen er erwartet, und sprechen Sie ausschließlich darüber.
Der Schwarzweißmaler	Er verstärkt und übertreibt seine Argumente vorzugsweise mit den Wörtchen «immer» und «nie»: Beispiel: «So machst du das immer» oder «Nie trägst du den Müll runter».	Fragen Sie zurück: «Tatsächlich immer (nie)? Ohne Ausnahme?» Lenken Sie dann den Streit auf den Vorfall zurück, der die Auseinandersetzung auslöste.
Der Punktesammler	Er notiert im Geiste all Ihre «Verfehlungen» und verwendet sie bei der nächsten Auseinandersetzung als gesammelte Kampfmunition, um Sie ins Unrecht zu setzen	Geben Sie offensichtliche Fehler zu. Zahlen Sie nicht mit gleicher Münze zurück, sondern fragen Sie, welche Lösung er für die gegenwärtige Meinungsverschiedenheit vorschlägt.
Der Tester	Testet Ihre Zuverlässigkeit, Zuneigung	Sagen Sie, dass Sie wie jeder Mensch

	und so weiter, indem er kleine Provokationen in den Alltag einstreut, an denen Sie Ihre Aufrichtigkeit beweisen müssen. Sie befinden sich in einer permanenten Prüfungssituation und müssen ständig damit rechnen durchzufallen.	fehlbar sind und dass dies auch in Zukunft so sein wird. Das ändere aber nichts an Ihrer Zuneigung.
Der Detektiv	Spioniert Ihnen nach und kontrolliert jede Einzelheit aus Ihrem Leben. Verhört Sie, was Sie den ganzen Tag gemacht haben, was Sie denken, wie Sie zu ihm stehen – doch keine Antwort kann auf Dauer sein Misstrauen zerstreuen.	Sagen Sie, dass das Misstrauen Sie ärgert und seine Kontrolle das Vertrauen zerstört, statt es zu festigen. Sprechen Sie über Ihre unterschiedlichen Erwartungen an Nähe und Distanz (siehe vorigen Abschnitt).
Der Hobbypsychologe	Versucht, Ihre Gedanken zu lesen, und erklärt Ihnen, was sich hinter Ihrem Tun verbirgt. Zieht die Aufrichtigkeit Ihrer Motive in Zweifel.	Ignorieren Sie seine Interpretationen und sprechen Sie ausschließlich über die Verhaltensaspekte des Problems. Beispiel: Er sagt: «Du willst doch nur, dass ich abwasche, um deine unterdrückten Aggressionen an mir

		abzureagieren.» Sie antworten: «Was schlägst du vor, wie wir die Hausarbeit aufteilen?»
Der Erzieher	Versucht, Ihnen bestimmte Verhaltensweisen an- oder abzugewöhnen.	Suchen Sie einen Kompromiss und sagen Sie deutlich, dass Sie nicht bereit sind, Ihre Persönlichkeit aufzugeben.
Der Geheimniskrämer	Erwartet, dass Sie ihm seine Wünsche von den Augen ablesen. Äußert seine Erwartungen nicht, ist aber sauer, wenn Sie sie nicht berücksichtigen.	Lassen Sie sich keine Schuldgefühle einreden. Fragen Sie nach den Wünschen Ihres Partners und sagen Sie deutlich, dass Sie keine Gedanken lesen können und wollen.
Der Gesprächskiller	Blockiert das Gespräch, indem er Ihre Äußerungen in Bausch und Bogen verwirft, mit Sätzen wie: «Das ist mir zu primitiv.» «Du hältst mich wohl für blöd.» «Das haben wir schon immer so gemacht.» «Das habe ich schon hundertmal gehört.»	Nicht weiterstreiten. Stattdessen zurückfragen, Zum Beispiel: «Wieso ist das zu primitiv?» «Wie kommst du darauf?» «Wann denn, zum Beispiel?» «Von wem? In welchem Zusammenhang?»

	«So kann man die Frage nicht stellen.»	«Wie würdest du die Frage denn stellen?»
Der Dauer-redner	Blockiert den Streit, indem er Sie nieder-argumentiert, Sie dauernd unterbricht, nicht zu Wort kommen lässt, auf Ihre Argumente mit keinem Wort eingeht.	Demonstrativ den Raum verlassen oder ihn ignorieren, zum Beispiel, indem Sie aus dem Fenster schauen, in einem Buch blättern. Oder eine Frage zur Sache stellen: «Was schlägst du also vor?»
Der Geisel-nehmer	Sucht Ihren wunden Punkt und reitet darauf herum, statt zur Sache zu reden. Etwa: «Wer so herumläuft wie du …», «Im Osten habt ihr es nicht besser gelernt, aber …», «Bei deinen Bildungslücken solltest du …»	Gelassen bleiben und zurückfragen: «Was stört dich an meiner Kleidung?» «Was habe ich im Osten nicht gelernt?» «Von welchen Bildungslücken sprichst du?» Fragen Sie dann, was sein Einwurf mit dem eigentlichen Thema Ihres Streites zu tun hat.

Nicht aufgeführt habe ich gezielte und vorsätzlich boshafte Gemeinheiten wie Intrigen, Verleumdungen, Täuschungen, gezielte Manipulationen oder gar Schläge. Dagegen hilft, wenn es sich nicht um einmalige Ausrutscher handelt, nur die rechtzeitige Trennung.

Wenig hilfreich sind außerdem indirekte Streitformen. Dazu gehören Ironie, Sarkasmen, Sticheleien, aber auch hartnäckiges Schweigen. Dagegen wehren Sie sich am besten mit einer sachlichen Frage zum tatsächlichen Streitthema.

Und dies sind die wichtigsten Regeln konstruktiven Streitens:

1. Verständigen Sie sich zunächst, worin genau Ihre Meinungsverschiedenheit besteht. Damit vermeiden Sie, sich in Nebensächlichkeiten zu verzetteln, aneinander vorbeizureden oder nur zu zanken um des Zankens willen.
2. Statt sich gegenseitig zu beschuldigen, fragen Sie, wie Sie beide die bestehende Situation, die den Streit auslöste, ändern können. Damit vermeiden Sie ein ewiges Wiederholen von wechselseitigen Vorwürfen und bemühen sich um eine Lösung.
3. Streiten Sie konkret. Sprechen Sie über den Einzelfall, über eine bestimmte Verhaltensweise, aber kanzeln Sie den Partner nicht wegen seines Charakters ab. Sagen Sie stets «ich» und «du» statt «man», «jemand» oder «wir» (siehe Kapitel sechs: «Persönlicher Stil»). Erschweren Sie sich nicht die Auseinandersetzung, indem Sie Ihre Wünsche hinter unpersönlichen Allgemeinaussagen vom Typ «man sollte …» verbergen.
4. Äußern Sie Ihre Gefühle statt Anklagen. Sagen Sie nicht «Du bist ein Schuft», sondern «Ich bin gekränkt». Statt «Wer sich so verhält, den sollte man …» lieber «Das enttäuscht mich. Ich hatte erwartet, dass …».
5. Klären Sie jedes Problem im Hier und Jetzt. Das Aufwärmen früherer Sünden wirkt wie Nörgelei. Lassen Sie Vergangenes ruhen und suchen Sie eine Lösung für die Zukunft.
6. Achten Sie auf Warnsignale. Schlechte Laune, bockiges Schweigen oder unklare Drohungen («Treib es nicht zu weit», «*Muss* das sein?») sollten Anlass für ein behutsames Nachfragen sein. Solche Signale deuten an, dass der andere kurz davor steht zu explodieren.

7. Bemühen Sie sich um eine Einigung, nicht um einen Sieg über den andern. Eine Einigung kann sein:
   - eine Kompromisslösung;
   - beide dürfen abwechselnd bestimmen, was getan wird;
   - beide einigen sich auf eine völlig andere Variante;
   - gemeinsamer Verzicht;
   - jeder macht das Seine: die Partner tolerieren einander.
8. Setzen Sie niemanden unter moralischen Druck. Wer nichts mehr zu entgegnen weiß, gibt vielleicht nach. Gegen den Widerstand des andern abgerungene Versprechen werden fast immer gebrochen, «vergessen» oder durch «objektive Umstände» umgangen.
9. Verliert Ihr Partner die Fassung, schreien Sie nicht zurück, sondern bewahren Sie Gelassenheit. Warten Sie, bis der andere sich beruhigt hat, und stellen Sie eine sachliche Frage: «Was schlägst du also vor?»
10. Feiern Sie am Ende sofort eine kleine Versöhnung. Ein Glas Wein genügt. Zeigen Sie damit, dass der Streit Ihrer Beziehung nicht geschadet hat.

Es gibt kaum ein Thema, für das sich eine «richtige» Lösung vorgeben lässt. Ein Blick in das bunte Leben lehrt, dass Paare selbst mit so sensiblen Fragen wie der Treue oder der Gleichberechtigung sehr unterschiedlich umgehen. Die Zeiten sind vorbei, da die zehn Gebote allgemeine Richtschnur des Handelns waren. Heute gibt es nur individuelle Lösungen. Sprechen Sie miteinander darüber. Und wenn Sie eine Auffassung zu hören bekommen, die Ihnen verdammenswert oder zumindest ungewöhnlich erscheint – fragen Sie erst einmal nach den Gründen. Manches, was auf den ersten Blick aus dem Rahmen zu fallen scheint, wirkt mit einem Mal sehr verständlich, wenn man die Hintergründe kennt. (Detaillierte Informationen zum Thema dieses Abschnitts finden Sie in meinem Taschenbuch «Miteinander streiten. Die Kunst der fairen Auseinandersetzung», rororo Sachbuch 9795.)

Wenn es nicht geht: die faire Trennung

Jährlich gehen in Deutschland rund eine halbe Million Beziehungen in die Brüche; ein Drittel davon sind Ehescheidungen. Das sind weit mehr als 80 Prozent aller Verbindungen, die zwei Menschen miteinander eingehen. Singles haben gelernt, mit dem Scheitern zu rechnen. Natürlich hofft jeder, wenn er frisch verliebt ist, dass er endlich an die große Ausnahme geraten ist. Aber es ist klug, sich nicht allzu sehr darauf zu verlassen.

Selten entschließt sich jemand aus einer bloßen Laune heraus, eine Beziehung, in die er einen Teil seines Lebens investiert hat, über Nacht zu beenden. Wenn es jemandem so vorkommt, hat er nur die Warnzeichen nicht wahrgenommen – oder nicht wahrnehmen wollen. Vor dem äußeren steht der innere Rückzug. Meist ist es die Frau, die als Erste entdeckt, dass sie sich nicht mehr wohl fühlt in der Beziehung. Anfangs versucht sie, mit dem Mann darüber zu reden. Die Anlässe für Streit nehmen zu. Wenn sie merkt, dass sich nichts bessert, beginnt sie, sich von ihm innerlich zu entfernen. Sie spricht über wesentliche Erlebnisse und Gefühle nicht mehr. Der Streit, das Bemühen um Klärung, hört auf. Es ist ihr nicht mehr wichtig, ob er sich mit ihr einigt. Soll er doch tun, was er will – nur ohne mich!

Nach einer Weile taucht die Idee der Trennung auf. Zuerst flößt der Gedanke Angst ein, trotz aller Schwierigkeiten. Immerhin hat das Paar ein gemeinsames Leben aufgebaut, an vieles haben sie sich gewöhnt. Die Zweisamkeit ist vertraut, auch wenn sie nicht befriedigend sein sollte. Was danach kommt – die Einsamkeit vielleicht, die Suche nach einer neuen Liebe –, ist mit Ungewissheit verbunden. Den Spatz in der Hand kennt man, ob die Taube auf dem Dach erreichbar ist, kann niemand vorhersagen. Deshalb versucht die Frau, zu retten, was zu retten ist. Vielleicht lassen sich die Gründe, die für eine Trennung sprechen, beseitigen? Sie beginnt, die Gewohnheiten des Mannes zu kritisieren. Auf einmal gibt es vieles, was sie an ihm stört. Er ist über die plötzliche Kritik erstaunt und empfindet sie als Nörgelei. Jetzt täte Offenheit Not. Warum sagt sie nicht: «Ich denke über eine Trennung nach; wenn ... nicht anders wird, sehe ich für uns keine Zukunft mehr.»?

Sie schweigt über das Wesentliche, weil sie sich selbst nicht sicher ist. Vielleicht irrt sie sich, vielleicht sind die Veränderungen – die Langeweile, das gegenseitige Unverständnis, die zunehmende Gereiztheit – in einer längeren Beziehung ganz normal? Möglicherweise handelt es sich nur um eine vorübergehende Krise, wie sie viele Paare durchmachen? Wenn beide den festen Willen haben, die Krise zu überwinden und zu Gunsten des anderen ein wenig zurückzustecken, ist noch nicht alles verloren.

Die Fragen, die sich jeder beantworten muss, lauten: Lohnt es die Mühe? Bin ich bereit, ein größeres Stück von meiner Eigenständigkeit aufzugeben? Mit dem Vormarsch der Singles nimmt vor allem unter Frauen die Neigung zu, mit Nein zu antworten. Ingeborg Weber, Verfasserin eines Ratgebers über «Faire Trennung» (Falken Verlag 1994), nennt folgende Gründe, die zum Auseinandergehen führen:

- Es fehlt das Vertrauen. Die Partner sind nicht bereit, einander so zu akzeptieren, wie sie sind.
- Am Anfang dominierten unrealistische Erwartungen an die Partnerschaft. Jetzt macht Enttäuschung sich breit.
- Es fehlen Interessen- und Lebensbereiche, die beiden gleich wichtig sind.
- Rechte und Pflichten sind nicht gleichmäßig verteilt – vor allem für Frauen ein Trennungsgrund.
- Die Kommunikation ist versiegt. Das wechselseitige Interesse und Verständnis ist nicht mehr da. Jeder neigt dazu, den anderen misszuverstehen, ihm schlechte Absichten zu unterstellen.

- Beide sind unfähig, konstruktiv zu streiten. Jede Meinungsverschiedenheit wird als Angriff interpretiert.
- Das Engagement für die Partnerschaft schläft ein. Man erwartet, dass die Beziehung von allein «läuft».

Derjenige, der schließlich geht, erscheint als der Böse. Du hast mein Herz und deine Versprechen gebrochen – die Schlager sind voll davon. Doch Tränen, schlaflose Nächte und einsame Stunden kennt auch der, der geht. Bei ihm hat sich die Ablösung lediglich früher vollzogen. Beide sind enttäuscht, allerdings kommt bei dem, der verlassen wird, die Kränkung hinzu: «Sie will mich nicht mehr.»

Wenn es mehr war als flüchtige Liebelei, kann es zwei und mehr Jahre dauern, bis die Folgen der Trennung seelisch verarbeitet sind. Wie die Liebe selbst vollzieht sich auch die «Trauerarbeit» nach dem Auseinandergehen in fünf Phasen:

1. Nicht-wahrhaben-Wollen. Im schnellen Wechsel stellen sich Frau und Mann auf Trennung, Wiederannäherung und erneute Trennung ein. Manchmal nur seelisch, häufig aber auch in Wirklichkeit: Mehrmals wird der Weggang angekündigt und wieder hinausgeschoben. Bis in die Morgenstunden werden Beziehungsprobleme diskutiert. «Können wir nicht unser Zusammensein auf eine andere Grundlage stellen?», fragt sich der eine und gesteht sich im gleichen Moment ein, dass dieser Versuch schon in früheren Jahren einige Male gescheitert ist. – «Wenn du mir nur in ein, zwei Punkten entgegenkommen könntest!», seufzt der andere und weiß doch insgeheim, dass es damit auch nicht getan wäre. Es fällt schwer, sich einzugestehen, dass man für den Partner nicht mehr das Gleiche empfindet wie früher. In Gedanken wird bereits der Trauerprozess durchgespielt. Gleichzeitig stellt man sich dieselbe Beziehung mit einem anderen oder mit demselben, in wichtigen Charakterzügen veränderten Partner vor. Schließlich führt einer (in mehr als 80 Prozent der Fälle die Frau) den Bruch herbei.

2. Gefühlschaos. Neben Schmerz, Sehnsucht, Wut, Angst vor dem Alleinsein, Zorn und Versagensgefühlen empfindet der Enttäuschte auch Freude, Erleichterung, ja sogar Euphorie. Je mehr Streit und Hass die letzten Wochen verdüsterten, umso stärker ist im ersten Moment die empfundene Erlösung. Sehr schnell folgt der Katzenjammer. Nach dem ersten Genuss der neuen Freiheit spüren beide bald, was sie alles aufgegeben haben. Der Platz im Bett ist leer, am Wochenende fällt einem die Decke auf den Kopf, ja man wünscht sogar, dass der andere mit seinem Gemecker die Stille ausfüllen möge. Flüchtige Liebschaften können die Lücke nicht schließen.

Schuldgefühle treten in den Vordergrund. Ständig wird mit dem anderen ein innerer Dialog geführt. Wer ist woran schuld? Was wäre, wenn ich anders gehandelt hätte? Was wäre, wenn ich an jener Stelle damals …? Dort, wo das einstige Paar noch Kontakt hat, brechen immer wieder Streitereien aus. Indem sie sich die Schuld an kleinen wie großen Versäumnissen gegenseitig zuschieben, blockieren beide den innerlichen Prozess des Selbstständigwerdens. Es gelingt ihnen nicht, über ihr Verhalten unabhängig vom anderen nachzudenken. Schwierig wird es dadurch, dass zumindest derjenige, der verlassen worden ist, die Hoffnung auf eine Rückkehr noch nicht aufgegeben hat.

3. Beherrschung. Der Enttäuschte sieht allmählich ein, dass der Verlust endgültig ist. Schmerz und Trauer herrschen vor. Manche versuchen, durch eine neue Liebe den Schmerz zu betäuben; so wie Marlene Dietrich einst sang: «Wer wird denn weinen, wenn man auseinander geht, wenn an der nächsten Ecke schon ein andrer steht?» Es gelingt allerdings kaum jemandem, so leicht seine früheren Gefühle über Bord zu werfen. Statt Fröhlichkeit herrscht Selbstmitleid vor.

4. Neuorientierung. Inzwischen ist klar: Ich bin wieder solo. Zwar will man nicht mehr an den oder die Verflossene denken, dennoch geht er/sie einem nicht aus dem Sinn. Sprach man in der zweiten Phase nur anklagend über die alte Liebe und fraß in der dritten seinen Schmerz in sich hinein, gelingt es allmählich, mit Abstand über die vergangene Zeit zu sprechen. In der Sprache des «Einerseits – andererseits» wird ein Fazit versucht. Zwar sind beide noch weit entfernt von jeder nüchternen Sachlichkeit, aber das Bemühen, Distanz zu gewinnen, ist erkennbar.

Nicht allen genügt es, Bilanz zu ziehen. Hadert der Verlassene weiter mit seinem Schicksal, wird er neue Kontakte und Betätigungsfelder suchen, ohne mit sich ins Reine gekommen zu sein. Sie dienen nur der Ablenkung vom Trennungsschmerz, ohne ein eigenständiges, unabhängiges Leben zu ermöglichen. Wirkliche Glücksgefühle können nicht aufkommen. Klagen wie «Es wird nie mehr so sein wie früher» herrschen vor.

5. Zustimmung. Der Verlassene findet neue Kontakte und ein neues Selbstverständnis außerhalb der alten Paarbindung. Er hat inzwischen eine Reihe von Erfahrungen als Solist gemacht. Befürchtungen wie «Ich werde nie wieder jemanden finden wie ihn/sie» werden durch eine neue Liebe widerlegt oder erweisen sich als weniger gravierend wie befürchtet, weil neue Interessen und Konflikte die alten überlagern. Wer eine solche Trauer durchgestanden hat, bemüht sich, aus der schmerzlichen Erfahrung zu lernen. In eine neue Beziehung geht man mit größerer Vorsicht, weil man jetzt weiß, wie schnell die Euphorie über ein neues Glück in Kränkung und Einsamkeit umschlagen kann.

Viele erschweren sich die Trennung, weil sie im Moment des Auseinandergehens allen Groll, den sie im Laufe der Beziehung in sich angesammelt haben, über dem Verschmähten ausgießen. Solange sie hofften, die Beziehung noch zu retten, schwiegen sie. Aber jetzt muss alles heraus. Es erleichtert nicht nur die Seele, sondern befreit auch von dem moralischen Verdacht, ich könnte den anderen zu Unrecht im Stich lassen. Da der andere sich gegen die Beschuldigungen wehrt, schon der angekratzten Selbstachtung zuliebe, eskaliert der Abschied in hässlichen Szenen, Kämpfen um jeden Löffel und unwiderruflicher Feindschaft.

Wer sich vor dem letzten Krach fürchtet, verschwindet über Nacht, manchmal sogar, ohne eine Nachricht zu hinterlassen. Mir ist selbst einmal vor Jahren ein Mädchen, das eineinhalb Jahre mit mir zusammenlebte, «abhanden» gekommen. Ich machte mir furchtbare Sorgen, dass ihr etwas zugestoßen sein könnte, und forschte nach. Erst als sich nach einiger Zeit ihre Mutter meldete, um ihre Sachen abzuholen, erfuhr ich, dass sie «nur» das Land und den Liebhaber gewechselt hatte.

Singles verlieben sich öfter als andere, ihre Beziehungen dauern kürzer, und die Zahl der Trennungen ist hoch. Bedenken Sie, dass Sie, wenn Sie in Unfrieden scheiden, mit dem Partner auch seine Freunde verlieren. Nach vier, fünf kriegerischen Trennungen können Sie sich, wenn Sie nicht aufpassen, ein Umfeld von Feinden geschaffen haben, die per Gerücht systematisch Ihren Ruf ruinieren. Da sich längst herumgesprochen hat, dass beim Scheitern einer Liebe die Schuld nie bei nur einem allein liegt, lohnt es nicht, am Ende dramatische Rechtfertigungskämpfe auszufechten. Egal, wie betrogen Sie sich fühlen, beweisen Sie Ihre Überlegenheit, indem Sie beim Auseinandergehen Fairness walten lassen.

Dies sind die Spielregeln einer fairen Trennung:

- Wer die Trennung wünscht, muss dem andern klaren Wein einschenken. Versetzen Sie sich in den andern. Auch wenn er es schon ahnt: Sie werden dennoch seine Gefühle verletzen und gemeinsame Zukunftspläne zerstören. Suchen Sie daher einen ruhigen Moment für das Gespräch und nehmen Sie sich Zeit. Hiobsbotschaften überbringt man nicht zwischen Tür und Angel.
- Seien Sie ehrlich, trennen Sie sich nicht unter einem Vorwand. Geben Sie dem andern die Chance, aus seinen Fehlern zu lernen.
- Benennen Sie Ihre Gründe so klar und sachlich wie möglich. Vermeiden Sie Beleidigungen und unnötige Kränkungen.
- Bleiben Sie in Ihrem Entschluss fest, machen Sie klar, dass Sie sich nicht umstimmen lassen werden.
- Ziehen Sie sofort aus. (Wenn Ihnen die Wohnung gehört und

der andere ausziehen muss, unterstützen Sie ihn bei der Wohnungssuche und beim Umzug. Welch ein Segen, wenn beide noch ihre eigenen Wohnungen haben!)

- Wenn der andere es wünscht, lassen Sie eine zweite und dritte Aussprache zu. Aber sobald die Argumente anfangen, sich zu wiederholen, begrenzen Sie Ihre Gesprächsbereitschaft.
- Behandeln Sie den andern so, wie Sie selbst in dieser Situation behandelt werden wollten. Verzichten Sie darauf, die Trennung zur Befriedigung von Rachegelüsten zu missbrauchen.

Wenn Sie die Person sind, die verlassen wird:

- Bestehen Sie auf eindeutigen Worten und lassen Sie sich nicht im Vorübergehen abfertigen.
- Versuchen Sie, einen klaren Kopf zu bewahren. Falls nötig, bitten Sie um einige Minuten Geduld, bis Sie sich gefasst haben.
- Schimpfen Sie nicht, flehen Sie nicht, verteidigen Sie sich nicht. Sprechen Sie vielmehr über Ihre verletzten Gefühle und stellen Sie sachliche Fragen, um genau zu erfahren, wie fest der Entschluss des andern ist und welches die ausschlaggebenden Gründe sind.
- Unternehmen Sie nur dann einen Rettungsversuch, wenn zwischen Ihnen beiden noch Sympathie und Gemeinsamkeiten bestehen und sich die Trennungsgründe abstellen lassen. Versuchen Sie es in diesem Fall am besten mit einer Trennung auf Zeit. Inzwischen kann jeder über seine Gefühle und seine Erwartungen nachdenken.
- Ziehen Sie sofort aus oder gehen Sie dem andern wenigstens so weit wie möglich aus dem Weg. Verkneifen Sie sich den fruchtlosen Versuch, den anderen durch endlose Aussprachen zu einem Einlenken zu überreden.
- Werden Sie vor vollendete Tatsachen gestellt, indem der Partner ohne Vorwarnung verschwindet, nehmen Sie nur Kontakt auf, um unerledigte Fragen zu klären (Geld, zurückgelassene Gegenstände) – und auch nur, wenn es absolut unumgänglich ist. Versuchen Sie nicht, den Verschwundenen

umzustimmen, schon Ihrer Selbstachtung zuliebe. Der andere würde es nur lästig finden. Beginnen Sie stattdessen sofort ein eigenes, unabhängiges Leben.

In den ersten Wochen nach dem Auseinandergehen werden Sie sich zunächst ablenken wollen. Die Beziehung aufzuarbeiten – also Ihre positiven wie negativen Seiten und den eigenen Anteil am Scheitern zu erkennen – benötigt einen größeren zeitlichen Abstand. Am besten kommen Sie in der Anfangszeit über den Trennungsschmerz hinweg, wenn Sie

- sich den Schmerz eingestehen und sich nicht zwingen, gleich wieder ein fröhliches Gesicht zu machen.
- sich selbst verwöhnen. Nehmen Sie ein Schaumbad, gehen Sie aus, lesen Sie Bücher, in denen andere beschreiben, wie sie mit Enttäuschungen fertig geworden sind. Kochen Sie sich ein gutes Essen, machen Sie einen Kurzurlaub in einer kulturell interessanten Stadt, geben Sie eine Party oder stürzen Sie sich für ein paar Wochen in die Arbeit.
- Freunde besuchen, bei denen Sie sich ausheulen können.
- an der Zeit vor Ihrer Beziehung anknüpfen – in der Erinnerung oder indem Sie zu früheren Aktivitäten, die Sie wegen Ihrer Liebe aufgaben, zurückkehren.
- sich von einer neuen Liebe trösten lassen.

Bedenken Sie aber, dass eine neue Beziehung nur dann Aussicht auf Erfolg bietet, wenn Sie unbelastet von der alten Bindung auf das nächste Glück zugehen. Haben Sie die Trennung innerlich bereits akzeptiert? Oder hadern Sie noch mit dem Schicksal? Aufregende Affären, ohne Anspruch auf Dauer, können dennoch eine hervorragende Übergangslösung sein. Jede Eroberung stärkt das angeschlagene Selbstbewusstsein und vergrößert den inneren Abstand zum früheren Leid.

Wieder frei: über den Umgang mit Einsamkeit

Singles verbringen viel Zeit allein, selbst dann, wenn sie gerade in einer festen Beziehung leben. Das heißt nicht unbedingt, dass sie einsam sind. Umgekehrt gibt es viele Leute, die sich sogar im Kreise ihrer Familie oder inmitten großer Menschenmassen einsam fühlen.

Einsame empfinden Leere und Sinnlosigkeit um sich herum. Die Furcht, von niemandem gebraucht und vermisst zu werden, kann sich bis zur Panik steigern. Es ist die Vorstufe zu Depressionen und Selbstmordgedanken. Gerade nach Trennungen ist die Gefahr, in ein Nichts zu fallen, sehr groß. Die wichtigste Bindung ist mit einem Mal weggebrochen, und man hat noch nicht wieder in das Dasein eines Einzelgängers zurückgefunden. Da Einsamkeit sich zu einer schweren Neurose auswachsen kann – von den Fachleuten als Monophobie bezeichnet –, sollten Sie jedes Anzeichen dafür, dass das Gefühl des Verlassenseins über längere Zeit anhält, ernst nehmen. Das Falscheste wäre, sich panisch an jeden Menschen zu klammern, der einem über den Weg läuft. Das hätte nur Zurückweisung und neue Depressionen zur Folge. Einsamkeit wird nicht durch das Alleinsein verursacht. Wer dauernd von Menschen umgeben ist, erhält bloß keine Gelegenheit, sich über seine Gefühle des Isoliertseins klar zu werden. Die Psychologen haben längst herausgefunden, dass Menschen dann unter Einsamkeit leiden, wenn sie mit sich selbst im Konflikt leben, sich nicht so recht leiden können und ihr Selbstwertgefühl angeschlagen ist. Nach Fehlschlägen und Misserfolgen verstärkt sich deshalb das Einsamkeitsgefühl – egal, wie die sonstigen Lebensumstände beschaffen sind.

Wenn Sie also das Gefühl haben, nach einer gescheiterten Beziehung (aber auch wenn Freunde sich abwenden oder Sie Ihre Arbeit verloren haben) in ein großes schwarzes Loch zu fallen, gibt es nur ein Gegenmittel: Lernen Sie, sich selbst sympathisch zu finden. Denn es ist klar: Die einzige Person, von der Sie sich im Laufe Ihres Lebens nie trennen werden, sind Sie selbst. Mit niemandem anders verbringen Sie so viel Zeit wie mit sich. Selbstliebe hat nichts mit Eitelkeit oder Überheblichkeit zu tun. In dem Moment, wo Sie mit sich allein sind, werden Sie wahrscheinlich Ihre Masken ablegen, die Sie sonst zur Schau tragen, um unangreifbar zu wirken, und sich einigermaßen ehrlich einschätzen. Wer sich dann für nicht sehr liebenswert hält, empfindet jenes ungute Gefühl, das wir «Einsamkeit» nennen.

Besonders gefährdet sind Menschen, die ihre Umwelt und in der Folge auch sich selbst mit abschätzigen Augen betrachten. Wie weit sind Ihre Großzügigkeit, Ihre Nachsicht und Ihre Toleranz gegenüber Fehlern und Versäumnissen ausgeprägt? Oder möchten Sie am liebsten Ihre und fremde Schwächen erbarmungslos ausmerzen, um möglichst fehlerlos zu sein und in einer perfekten Welt zu leben? Im letzten Fall werden Sie es schwer haben, mit anderen und daher auch mit sich selbst Freundschaft zu schließen. In unduldsamen Perfektionisten lauert das Gespenst der Einsamkeit, jederzeit auf dem Sprung, seine Krallen in ihr überkritisches Bewusstsein zu schlagen.

Was können Sie tun? Schreiben Sie auf, was Sie an sich gut finden. Legen Sie die Liste an einen sichtbaren Ort und schauen Sie immer wieder darauf, um sich aufzubauen. Wenn Ihnen später weitere Qualitäten an sich auffallen, ergänzen Sie Ihr Verzeichnis. Danach beschäftigen Sie sich mit Ihren Unvollkommenheiten. Sollte diese zweite Liste länger werden als die erste, ist das ein Zeichen für mangelnde Selbstliebe. Teilen Sie nun diese zweite Aufzählung in zwei Spalten. Die erste sollte einige wenige Punkte enthalten, die Sie an sich verändern wollen. Machen Sie einen konkreten Plan, was Sie unternehmen wollen, um diese Mängel abzustellen. In die zweite Spalte nehmen Sie die übrigen Kritikpunkte auf. Beschließen Sie nun, sich diese

Schwächen zu verzeihen. Sagen Sie sich: Niemand ist perfekt, und niemand mag Perfektionisten. Durch meine Schwächen zeige ich Persönlichkeit. Sie werden durch meine guten Seiten mehr als wettgemacht.

Sollte Sie irgendwann das Gefühl der Einsamkeit überkommen, konsultieren Sie wieder Ihre Listen. Mit der Zeit wird es Ihnen gelingen, mit sich Freundschaft zu schließen, das heißt sich so zu mögen, wie Sie sind. Darüber hinaus haben Sie noch eine Reihe weiterer Möglichkeiten, die Einsamkeit zu bekämpfen, und zwar:

- Lesen Sie die Biographien berühmter Frauen und Männer, die Ihr Leben einem wichtigen Ziel unterordneten. Sie erfahren daraus, wie die Großen dieser Welt auf ihrem Weg mit Stunden der Verzagtheit und der Verlassenheit umgegangen sind und wie sie neue Kraft für ihre Aufgaben fanden.
- Lernen Sie die Kunst der Kontemplation. Kontemplation ist kein mystischer Zauber, sondern die Bereitschaft und die Fähigkeit, ganz in der unmittelbaren Gegenwart aufzugehen. Statt darüber zu grübeln, was Sie in der Vergangenheit hätten anders machen können und was die Zukunft für Risiken für Sie bereithält, wenden Sie Ihre gesamte Aufmerksamkeit der Sie gerade umgebenden Wirklichkeit zu. Beobachten Sie einen Vogel im Flug, betrachten Sie ein Gemälde in allen Details oder schauen Sie den Beschäftigungen der Menschen um Sie herum zu. Vergessen Sie Ihr leidendes Ich und seine Grübeleien. Wenn es Ihnen gelingt, sich mit allen Sinnen auf die Eindrücke aus Ihrer Umgebung einzulassen, werden Sie merken, wie Ihre Sorgen allmählich in den Hintergrund treten.
- Lenken Sie sich ab. Entweder durch zeitweilige (!) harte Arbeit, durch interessante Hobbys, durch sportliches Training oder indem Sie die Welt der Medien nutzen. Kommen die Menschen nicht persönlich zu Ihnen, können Sie an ihrem Leben durch Bücher, Radio, Internet oder Fernsehprogramme teilhaben. Wichtig ist, dass Sie Spaß an den Dingen

finden, mit denen Sie sich während Ihres Alleinseins beschäftigen. Je aktiver Sie werden bei der Selbstbeschäftigung, desto glücklicher werden Sie sich fühlen.

- Das beste Mittel gegen Einsamkeit sind natürlich Kontakte zu anderen Leuten. Gehen Sie außer Haus, auch wenn Sie draußen niemanden kennen. Besuchen Sie eine Galerie, laufen Sie durch Kaufhäuser und über Trödelmärkte. Suchen Sie kurze Gespräche mit Fremden. Aber vergessen Sie nicht: Um sich unter Fremden nicht einsam zu fühlen, brauchen Sie die Fähigkeit zur Selbstakzeptanz.

Jeder – Sie und ich und viele andere – wird im Alter aller Voraussicht nach einige Jahre mit sich allein verbringen. Selbst die besten Freunde können nicht ununterbrochen unsere Gesellschaft suchen. Früher oder später muss also jeder lernen, mit sich selbst prima auszukommen – wenn nicht, wird er einmal sehr unglücklich sein.

8. Single im Alter – ein Lebensmodell mit Zukunft

Das Alter ist für aktive Singles kein Alptraum, sondern eine spannende Lebenszeit, die vielfältige Möglichkeiten für sie bereithält. Egal, wie Sie zum Solisten wurden – ob aus freier Entscheidung, durch das Ende einer unglücklichen Beziehung oder weil Sie niemanden kennen lernten, mit dem Sie Ihr Leben teilen würden –, genießen Sie die Vorteile, die Ihnen die Ungebundenheit bringt, und lassen Sie sich von den Nachteilen nicht unterkriegen. Betrachten Sie das Alleinleben als Herausforderung, als Chance. Es ist eine alte Weisheit: Je mehr wir das Alleinsein fürchten und ihm zu entfliehen suchen, desto mehr krallt es sich an uns fest. Erst wer gelernt hat, mit sich selbst froh zu werden, ist auch in der Lage, anderen so viel Persönlichkeit anzubieten, dass er als Partner(in) gefragt ist. Als Single hängt Ihr Glück nur von Ihnen ab – von niemandem sonst.

Sie werden im Alter keine Ausnahme sein. Im Gegenteil, Millionen Alleinstehende werden sich in der gleichen Lage befinden wie Sie. Gehen Sie mit Ihren Schicksalsgefährten gemeinsam auf Entdeckungsfahrt. Halten Sie es wie bisher: Gemeinsames unternehmen – ja, Aufgabe Ihrer Persönlichkeit – nein. Nicht nur Sie denken mit leichtem Bangen an Alter und Alleinsein. Jeder Single dieses Landes ist Ihr potentieller Verbündeter. Unterstützen Sie andere, dann werden diese Sie unterstützen.

Das Alter kommt langsam, beinahe unmerklich. Ihnen bleiben noch viele Jahre Zeit, ein Netz von Freundschaften und Projekten gegenseitiger Unterstützung aufzubauen. Fangen Sie jetzt damit an. Was Sie für andere tun, um Sie aus ihren stillen

Abenden und leeren Wochenenden herauszureißen, das tun Sie auch für sich. Und egal, in welchem Lebensalter Sie sich gerade befinden: Machen Sie nicht mit, wenn Politiker Alte und Junge aufeinander hetzen, die Renten der einen gegen die Arbeit der anderen ausspielen. Jeder Junge wird mal alt. Eine lebensfähige Gesellschaft braucht jede Generation. Ältere, die selbst für sich sorgen und – ihren Möglichkeiten entsprechend – am sozialen Leben teilnehmen, werden von Jüngeren auch nicht als unnütze Rentenkassierer verachtet. Natürlich machen die Älteren auch Fehler. Irrtümer sind kein Privileg der Jugend. Hüten wir uns später einmal vor der Überheblichkeit vieler Älterer, dass die Jüngeren erst einmal aus ihrer Lebenserfahrung zu lernen hätten. Lernen wir lieber einmal von den Jüngeren, statt wie ein Fossil über vergangene goldene Zeiten zu klagen. Wir haben die Chance, frei von familiären Verpflichtungen und dauernder Rücksichtnahme auf andere, unser Leben nach unseren individuellen Wünschen einzurichten. Egal, ob wir fünfzig, siebzig oder neunzig sind: Solange wir das Interesse an neuen Entwicklungen bewahren, statt uns in selbstgerechte «Früher war alles besser»-Klagen zurückzuziehen, wird unser Single-Leben spannend, abwechslungsreich, nicht ohne Konflikte, auf jeden Fall jedoch niemals langweilig sein.

Als Single älter werden

Maximen für Glück und Gesundheit

- Akzeptieren Sie das Alleinleben als positive Herausforderung.
- Genießen Sie die Vorzüge Ihres Lebensstils, betrachten Sie die Nachteile als notwendige Begleiterscheinung.
- Gewöhnen Sie sich an einen regelmäßigen Tagesablauf.
- Pflegen Sie vielfältige Interessen. Begeistern Sie sich ab und zu für etwas Neues.
- Schränken Sie ungesunde Gewohnheiten beizeiten ein.
- Machen Sie viermal Ausdauertraining pro Woche zum festen Bestandteil Ihres Lebens.
- Üben Sie Ihre Kontaktfreudigkeit und bauen Sie sich ein Netzwerk von Beziehungen auf.
- Keine Angst vor der Liebe – aber erhoffen Sie von ihr keine Erlösung vom Alleinsein für alle Zeiten!
- Bewahren Sie Ihre Neugier, Ihre Offenheit und Ihre Bereitschaft, dazuzulernen und sich zu ändern, Ihr Leben lang!

Weiterführende Literatur

Für den Fall, dass Sie sich über den einen oder anderen Aspekt dieses Buches genauer informieren möchten, kann ich Ihnen – zusätzlich zu den in den einzelnen Kapiteln genannten Titeln – folgende Bücher empfehlen:

Bönnen, R.: Flirten – aber wie? Humboldt Taschenbuch Verlag 1994.

Bortz, W. M.: Wir alle können länger leben. Neue Erkenntnisse über die zweite Lebenshälfte. Hoffmann & Campe, Hamburg 1993.

Fisher, H.: Anatomie der Liebe. Droemer Knaur Verlag, München 1993.

Friedan. B.: Mythos Alter. Rowohlt Verlag, Reinbek bei Hamburg 1995.

Gernandt, N.: Single. Alleinsein kann auch schön sein. Kreuz Verlag, Stuttgart 1996.

Glass, L.: Sag doch einfach, was du denkst. Wie man selbstbewußt kommuniziert und die Initiative ergreift. Oesch Verlag, Zürich 1993.

Goldmann, M./Herwig, C./Hooffacker: Internet. Per Anhalter durch das globale Datennetz. Rowohlt Taschenbuch Verlag, Reinbek bei Hamburg 1995.

Hars, W.: Ich bin gut! Eigenwerbung wie ein Profi – Image-Kampagne für das Ich. Oesch Verlag, Zürich 1995.

Holzheu, H.: Gesprächspartner bewußt für sich gewinnen. Psychologie und Technik des partnerorientierten Verhaltens. ECON Taschenbuch Verlag, Düsseldorf 1984.

Hooffacker, G.: Online. Telekommunikation von A bis Z. Rowohlt Taschenbuch Verlag, Reinbek bei Hamburg 1995.

Jaeggi, E.: Ich sag' mir selber Guten Morgen. Single – eine moderne Lebensform. Piper Verlag, München 1992.

Kos, B./Teply, Z.: 1500 Fitnessübungen. Sportverlag, Berlin 1996.

Lasko, W. W.: Charisma. Mehr Erfolg durch persönliche Ausstrahlung. Gabler Verlag, Wiesbaden 1994.

Lubbers, K.: Vom Trotten. Die Kunst des gemächlichen Laufens. Rowohlt Taschenbuch Verlag, Reinbek bei Hamburg 1995.

Merkle, R.: Laß dir nicht alles gefallen. Wie Sie Ihr Selbstbewußtsein stär-

ken und sich privat und beruflich besser durchsetzen können. PAL Verlag, Mannheim 1990.
Mietzel, G.: Wege in die Entwicklungspsychologie: Erwachsenenalter und Lebensende. Eine Einführung. Quintessenz Verlag, München 1992.
Naumann, F.: Erste Hilfe für die Seele. Beistand in Notsituationen, Lebenskrisen und Konflikten. Verlag Gesundheit, Berlin 1996.
Papillon, M.: Tausendundeine Liebesstrategie. Unwiderstehlich flirten. Oesch Verlag, Zürich 1993.
Reitz, M.: In Alters Frische. Neueste Erkenntnisse der Alternsforschung. Verlag Gesundheit, Berlin 1996.
Resch, M.: Wenn Arbeit krank macht. Ullstein Verlag (Taschenbuch), Frankfurt a. M., Berlin 1994.
Rohnstock, K. (Hrsg.): Lust und Frust der Verführung. Elefanten Press, Berlin 1996.
Rohnstock, K. (Hrsg.): Der Spagat im Dreieck. Elefanten Press, Berlin 1996. [Das Buch enthält Geschichten und einen Sachtext über Dreierbeziehungen – F. N.]
Samitz, G.: Das Wellness-Programm. Mit dem richtigen Gewicht zu mehr Wohlbefinden. Rowohlt Taschenbuch Verlag, Reinbek bei Hamburg 1995.
Schott, B./Birker, K.: Selbstbewußt auftreten. (Reihe «NLP – Das Psycho-Power-Programm») Rowohlt Taschenbuch Verlag, Reinbek bei Hamburg 1995.
Schott, B./Birker, K.: Schüchternheit überwinden. (Reihe «NLP – Das Psycho-Power-Programm») Rowohlt Taschenbuch Verlag, Reinbek bei Hamburg 1995.
Schulze, G.: Die Erlebnis-Gesellschaft. Kultur-Soziologie der Gegenwart. Campus Verlag Frankfurt a. M., New York 1993.
Schwarze, A.: Alles über Kontaktanzeigen. Wer sie schreibt, wie man sie versteht, und was man daraus macht. Eichborn Verlag, Frankfurt a. M. 1993.
Tannen, D.: Du kannst mich einfach nicht verstehen. Warum Männer und Frauen aneinander vorbeireden. Kabel Verlag, Hamburg 1991.
Vaughan, P.: Mythos Monogamie. Wie man mit Affären des Partners umgeht. Droemer Knaur Verlag (Taschenbuch), München 1994.
Wessel, K.-F. (Hrsg.): Herkunft, Krise und Wandlung der modernen Medizin. Kleine Verlag, Bielefeld 1994.
Wessel, K.-F./Möws, G.-O. (Hrsg.): Wie krank darf der Gesunde sein? Zum Menschenbild von Psychologie und Medizin. Kleine Verlag, Bielefeld 1996.
Wessel, K.-F./Naumann, F. (Hrsg.): Kommunikation und Humanontogenese. Kleine Verlag, Bielefeld 1994.